帆布と革で作るバッグ

BAG MAKING OF CANVAS & LEATHER

監修 田中いく枝

STUDIO TAC CREATIVE

はじめに

長方形の生地を二つに折り、両脇を太い木綿糸でちくちく。

表に返して開き口に綿テープの先端を木綿糸でバッテンに縫ったら、手提げ鞄の出来上がり。

これが私の鞄づくりの原点です。

どんなに難しい鞄でも、基本は素朴な形から生まれています。

本書は、初心者の方には少し複雑な作りの作品が多いかもしれませんが、

難しいところは省略して、まずは帆布と革の組み合わせを楽しんでみてください。

帆布、革、糸。これだけで組み合わせは無限大。

きっと唯一無二の素敵な作品が誕生するはずです。

皆様の鞄作りの参考書として、お役立ていただければ幸いです。

鎌倉革工房 TEE-CRAFT　田中 いく枝

文化女子大学卒業後、服飾雑貨製造卸小売「クリケット株式会社」入社。同時期にオーダー鞄製作工房にて鞄作りを学ぶ。クリケット株式会社退社後、鞄製作工房スタッフとして鞄作りに従事。1993年、鎌倉市大船に革工房Leather Shop Teeを開店。2007年に大船から小袋谷の古民家に工房を移し、現在は教室、革製品の注文製作、インターネット通販を行なっている。犬の顔を革で表現した「ワンコインシリーズ」は、インターネット通販で人気上昇中。

http://www.tee-craft.com

目 次

P.4	収録作品
P.10	作品制作に使用するミシン
P.11	作品制作に使用する帆布
P.12	革について
P.17	作品制作に使用する工具・資材

P.23 作品制作

- P.24 　筒型2WAYトートバッグ
- P.44 　フォールディング2WAYトート
- P.60 　ベーシックフォルムのビッグトート
- P.78 　フォールディングサコッシュ
- P.98 　2トーンポーチ
- P.128 　ロールトップリュック

P.166 　型　紙

収録作品

筒型2WAYトートバッグ ‥‥‥‥‥‥ P.24

フォールディング2WAYトート······ P.44

ベーシックフォルムのビッグトート‥P.60

フォールディングサコッシュ ······ P.78

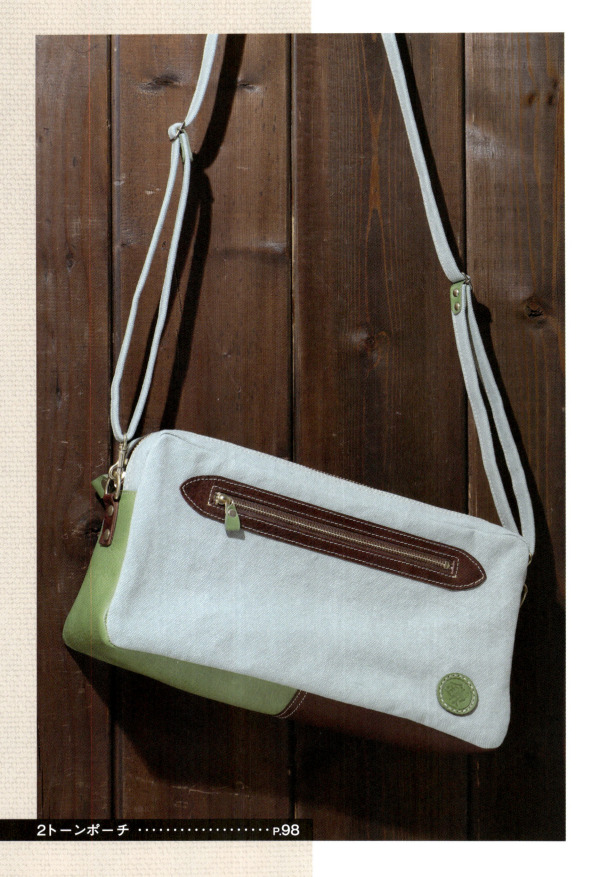

2トーンポーチ ……………… P.98

ロールトップリュック　　　　　P.128

作品制作に使用するミシン

　本誌で作り方を解説する作品は全て、タイトル通り「帆布」と「革」を素材とします。そして、作品を仕立てる際の縫製にはミシンを使用します。しかし、ミシンであればどのようなミシンでも使用できる訳ではありません。それは、帆布と革という素材に厚みがあり、繊維も密に詰まっているため、比較的薄手の布の縫製用に設定された「家庭用ミシン」では、パワーが不足してしまうためです。帆布には様々な厚みがあり、薄手の帆布であれば家庭用ミシンで縫うこともできますが、枚数を重ねて厚みが増すと、それだけで縫うことができなくなることもあります。このため、本誌掲載の作品制作には、家庭用ミシンよりもパワーがある「工業用ミシン」か、それに準ずるパワーを備えた「職業用ミシン」を使用してください。また各ミシンで使用する針は、素材の革に縫い穴をあけながら縫う必要があるため「皮革・厚物用」を、縫製に使用する糸は"焼き留め"の始末が可能な「ナイロン（樹脂）製」の糸を、使用するミシンの取扱説明書が推奨する範囲の中から選択してください。

本誌で作り方を解説する作品は全て、皮革・厚物の縫製に特化したbaby lock（ベビーロック）社の職業用ミシン「エクシムプロ9400LS 極」を使用して制作しています。作品制作には必ず、充分なパワーのある職業用ミシンか工業用ミシンを使用し、各作品のパーツを裁断して準備する前に、同じ素材のサンプルを重ね、実際に縫製することができるか試し縫いをしてください

作品の縫製には、熱で熔かして始末できる「ナイロン（樹脂）製」の糸を使用します。本誌で作り方を解説する作品は全て、「ビニモ」の20番と8番を使用しています

ミシンに合わせて使用する針は、ミシン針メーカー各社が「皮革・厚物用」の針を設定しています。種類によりステッチ（縫い目）が異なる他、使用する糸（の太さ）との適合もあるので、使用するミシンの取扱説明書や販売店等でその性質を確認した上で選択してください

作品制作に使用する帆布

作品のメイン素材である「帆布」は元々、風を受けて進む帆船の帆（ほ）に用いられた厚手の生地で、荷馬車やトラックの幌（ほろ）にも用いられています。また英語では「Canvas（キャンバス・カンバス）」と呼ばれ、油彩画の画布に用いられていますが、現在はそのような用途のみならず、バッグ、靴等の服飾小物や手工芸の素材として広く利用されています。麻糸、亜麻糸、綿糸等を平織りにした帆布は、糸の番手（太さ）や撚り（より）数、織り密度の違いにより、1号（厚い）から11号（薄い）までの厚みに分けられて販売されています。作品を制作する際、生地は薄い方が当然仕立てやすくなりますが、物を収納して使用するバッグの素材として考えると、堅牢性や耐久性に難が残ります。また、生地が薄くなるにつれて帆布らしい素材感も薄れるので、制作環境（使用するミシン等）と作品の用途に合わせて号数を選ぶと良いでしょう。本誌で作り方を解説する作品は全て、帆布らしい素材感がありつつ、扱いやすい程良い厚みの「8号」帆布を素材としています。

帆布は号数（＝厚み）の違いにより、その性質が大きく異なります。薄ければ作品は仕立てやすくなりますが、完成した作品を使用する際に強度や耐久性に欠けたり、帆布らしい風合いや質感が薄れてしまうこともあります。上記の通り、本誌掲載作品は全て「8号帆布」を素材としており、読者の方にも8号帆布の使用をお勧めします（※8号以上の厚みの帆布を選択される方は、これを縫えるミシンが限られる上、仕立てにも相応の技術が必要となるので、充分に注意してください）

同じ8号帆布でも、現在は様々な種類から選ぶことができます。左の写真は、片面に迷彩柄がプリントされ、その上にラミネート加工が施された8号帆布。右の写真は、帆布の表面にクロコダイル調の型押し加工が施され、アニリン染料という特殊な染料で染色された8号帆布です

革について

生地を材料とした裁縫全般に慣れた方でも、本誌で生地（帆布）と合わせる革について詳しい方は少ないでしょう。そこで、作品制作を始める前に知っておきたい、革の詳細を簡単に解説します。

皮から革へ

革という素材は、屠畜（牛や豚などの動物を食肉にする）の際に得られる副産物である「皮」を原料とします。この皮は「原皮（げんぴ）」と呼ばれ、そのままではやがて腐敗してしまうため、洗浄や脱毛、脱脂、防腐処理といった下処理を済ませた後、「鞣し（なめし）」という加工を経て、私達が普段目にする「革」になります。

鞣し前の原皮。塩漬け等の防腐処理が施された状態で、皮を鞣すタンナー（革を製造する業者）の工場へと運ばれます

膨大な鞣し工程の一部。大きなドラムに皮と薬剤を入れ、回転させることで革へと変化させます

鞣しの種類

皮を革へと変化させる鞣し工程は主に、化学薬品（クロム鞣剤）を使用した「クロム鞣し」と、天然素材である植物タンニンを使用した「タンニン鞣し」の2種類に分けられます。そして一般に、クロム鞣しで作られた革を「クロム鞣し革」、タンニン鞣しで作られた革を「タンニン鞣し革」と呼びます。この2種類の革は、大きな括りでは「天然皮革」という同一の素材ですが、それぞれが異なる特性を持ち、その特性を活かす用途に合わせて使い分けられます。この本で作り方を解説する作品では主に、適度なハリとコシ、手作りの魅力を引き立てる天然素材ならではの自然な風合い、そして手作業による加工に適した可塑性を持つ、タンニン鞣し革を使用していますが、一部、タンニン鞣しとクロム鞣しを組み合わせた「コンビネーション鞣し」による革も使用しています。

● クロム鞣し

しなやかで軽く伸縮性があり、耐久性が高いという特徴があります。比較的安価で大量生産できることから、既成品のバッグや衣料等に多く用いられています。

色や柄を鮮やかに表現できるため、カラーバリエーションが豊富。革の部位による影響（後述）もある程度排除でき、製品全体が均一に仕上がっています

● タンニン鞣し

天然素材らしい風合いを色濃く残し、日焼けによる色の変化や、使い込む程に表情を変える"経年変化"が楽しめる、クラフト系全般に適した革です。

クロム鞣し革に比べてハリとコシがある他、変形させた際にその形を保とうとする「可塑性」という特徴を持っています。作品のコバを磨ける点（後述）やレザークラフトのカービングが可能な点は、タンニン鞣し革ならではの特徴といえます

革の種類

同じタンニン鞣し革であっても、原皮を取った動物や鞣し工程の内容(染色の有無、加脂の度合い、表面仕上げ等)の違いにより、その種類は複数に分けられます。ここでは、クラフトに用いられる代表的なタンニン鞣しの革を解説します。各革の名称は、その販売元(協進エル)の製品名です。

● サドルレザー

鞍(サドル)の制作用に鞣された革で、クラフトではウォレットの制作等に用いられます

● EU.ヌメ

タンニンで鞣し、染色を施していない「牛ヌメ革」。ナチュラルな色を活かした作品作りに適し、日焼けや経年変化によって表情が大きく変化します。ギン面(下記参照)を光沢加工した、汚れの付きにくい「グレージング仕上げ」と、無加工の「素上げ」の2種類があります。

● 牛ヌメミラノ

革の内部まで色を入れる、「芯通し染色」が施された牛ヌメ革。適度なハリと風合いを持ち、小物からバッグまで、様々な用途に用いることができます

● ギャロ(牛ヌメ・シュリンク革)

芯通し染めと、手作業によるシュリンク(シボ)加工が施された牛ヌメ革。ソフトな風合いが特徴で、バッグや小物作りに適しています

● アメ豚・色豚

クラフト作品の裏地に多く用いられる、光沢とハリのある豚革です

CHECK!

革の「ギン面」と「床面」

全ての革には表と裏があり、スムースな面やシュリンク加工が施された、通常、作品や製品の表になる面を「ギン面」、その裏側の毛羽立った面を「床(トコ)面」と呼びます。

牛ヌメ革(ナチュラル)のギン面と床面。ザラッと毛羽立った面(写真内上)が床面です

革の部位

自然界の生き物である動物から得られる革は、部位により若干性質が異なる部分があります。画用紙等の紙の場合、同じ1枚の紙であれば原料となる繊維（パルプ）の詰まり方はほぼ一定で、厚みも均一、表面も一様に整っています。しかし革の場合、原皮となった動物の部位により繊維の詰まり方や流れが異なるため、どうしても全体を均一に仕上げることができません。薬品で皮を鞣すクロム鞣しの場合は、これをある程度均一に整えることがきますが、タンニン鞣しの場合は1枚の革に同じ鞣し工程を施し、最終的に全体を同じ厚さに揃えたとしても、張りやコシの具合が異なったり、動物由来の傷・シワ・色ムラが出る部位ができてしまうのです。このため、材料となる革を選ぶ際や作品制作時にパーツを取る際は、この革の部位と繊維の詰まり方、流れについて気にかけるようにしましょう。以下に牛革の繊維の流れと、一般的に市販されている牛革の代表的な部位及びその性質を解説しますので、革を購入する際やパーツを取る際の参考にしてください。

● 半裁

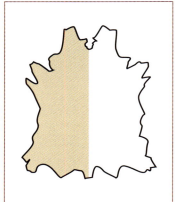

牛革は大きいため、鞣し加工の工程で背割りにし、扱いやすい「半裁」というサイズにして流通します

半裁革の全体写真。実際の大きさは、横方向で2mを超えます。向かって右側が頭、左側がお尻および後ろ脚。上の直線部は裁断した背の部分です

● ショルダー

肩の部分の革をショルダーと呼び、背割りせずに図の取り方をしたショルダー革は、Wショルダーと呼びます。ショルダー革は比較的繊維が均一で、使い勝手が良い特徴がある反面、「トラ（目）」という特有のシワがあります

● バット（ベンズ）

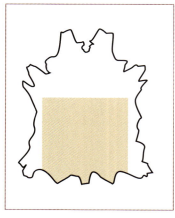

ショルダー以降の、お尻の部分の革をバットまたはベンズと呼び、背割りせずに図の取り方をした革をWバット、Wベンズと呼びます。繊維の方向が安定し、サイズを大きく取れるため、大きなバッグ等を作るのに適しています

● 繊維の流れ

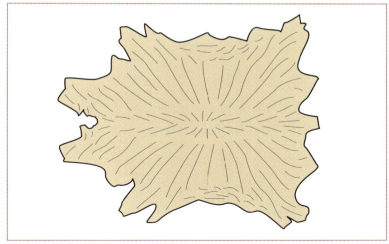

背中を中心に背割りする前の革(丸革)を見た場合、イラスト上の線のように繊維が流れています。背中の中心近くが伸びに対する耐性が高く、繊維が締まっており、四肢の先や腹にあたる端に向かうほど繊維が緩み、流れの方向もまばらになります

● トラ(目)

ショルダーに見られる特有のシワ。以前は扱いづらいと敬遠されていましたが、これを逆手に取った魅力的なブランド革もあります

● 焼き印

飼育の際に識別のために付けられた焼き印が残っている革もあります。作品のデザインの一部に、あえて採り入れる場合もあります

● 色ムラ

上記イラストの丸革の端等、繊維が均一でないために染料の入りが一定でなく、この革の表面のように色ムラが出る場合があります

革の販売単位と価格

作品制作に用いる革は、既に手頃な大きさにカットされた状態で販売されているカット革(手頃な反面、若干割高となります)を除き、前項で解説したような大きな部位に分けて販売されています。その価格は、「デシ=10cm四方の正方面積」という皮革業界独自に定められた面積単位と、その革に付けられた「単位単価=デシ単価」に基づいて定められます。例えば、デシ単価100円の半裁革1枚の大きさが220デシの場合は、100円×220デシ=22,000円となります。

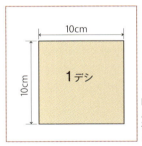

「10×10cm」を1デシと定め、裁断された革は専用の計測器で正確なデシ数を算出し、販売されます

ショルダー革は概ね150デシ前後の物が多く、革の裏にデシ数が印字されている場合もあります

革の厚み

「革の部位」で解説したような形態で販売されている革は、基本的に全ての部位が製造業者＝タンナーから出荷されたままの厚み＝原厚で販売されています。この原厚は革の種類によって異なり、一般的なヌメ革や染色されたヌメ革で1.5mm～3.0mm厚前後、サドルレザーのように堅牢な革になると5.0～6.0mm厚前後と大きく幅があります。そして、これらの革を作品制作の材料に用いる際は、制作する作品に適した厚みに調整する必要があり、この厚みを調整する（薄くする）ことを「漉く（すく）」と呼びます。そこで、大きな革をどうすれば薄くできるのか？　と心配されるかもしれませんが、大抵の場合は革を購入する販売店が調整してくれるので、革を購入する際に「○○ミリ厚に漉いてください」と依頼すれば問題ありません（革の代金とは別途、若干の費用が掛かります）。この漉きに関しては、大まかに裁断した革をそれぞれ別の厚みに調整することや、パーツにした革の一部分を指定して調整することもできるので、革を購入する販売店に相談してみると良いでしょう（※販売店や購入する革により、受け付けてもらえない場合もあります）。

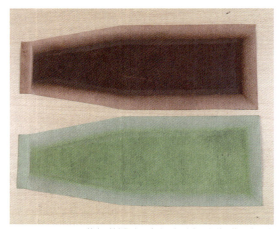

革を型紙通りの寸法に切り出した後、革の床面を部分的に漉くと仕立てやすくなったり、完成した作品のシルエットをすっきりとまとめることができます。本誌掲載作品の中にも、パーツごとに部分的な漉きを入れている作品があり、その部位や数値は型紙に表記してあります。しかし、自分で漉きを入れる際には専用の機械と技術が必要となるので、漉きを省略して制作しても構いません

革を購入する際の注意

販売店に並ぶ革は、その1枚1枚が大切な商品です。不用意に扱うと傷や汚れを付けてしまう恐れがあるので、購入を検討する際は細心の注意を払って扱うようにしましょう。革の表面は非常に繊細で、爪が触れただけで簡単に傷が付くこともあります。また、ヌメ革（特にナチュラルカラー）は特に汚れが付きやすく、指先や手の平に付着した僅かな皮脂でも吸収してしまいます。

革の表面は非常に繊細です。爪の他、バッグの角や衣服のボタンが擦れただけでも傷付くことがあるので、購入前の革を扱う際は充分に注意するようにしましょう

購入した革の扱い方

前項の革を購入する際の注意と同様、作品を制作する際やこれに関わる用で革を扱う際は、傷や汚れを付けてしまわないよう、細心の注意を払って扱うようにしましょう。爪を短く切ったり、作業の前や途中でこまめに手を洗うといった気配りが、素晴らしい作品を仕上げるポイントとなります。

革の保管方法

革は湿度に弱く、条件が悪いとカビが生えてしまう恐れがあります。また、日光等の紫外線を浴びることで変色する（焼ける）こともあるので、購入した革を保管する際や、作業途中で革を片付ける際は、直射日光等の光が当たらず、なおかつ湿度が低い温度が一定の場所で保管するようにしましょう。

| 作品制作に使用する 工具・資材 | 帆布と革を素材に作品を制作する際には、一般的な生地用の裁縫道具の他、革専用の工具や資材を使用します。ここでは主に、革に使用する工具や資材を紹介します。 |

1. 「革の裁断」に使用する工具

丸錐

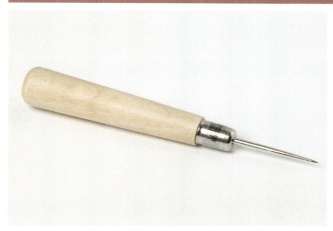

革のギン面を突いて印を付けたり、型紙や定規に沿わせて革のギン面をけがき、明確な裁断線を引きます

鋭利な先端を備える工具。革をけがいて(けがく=革の表面を先端でなぞり、細い線状の跡をつける)裁断線を引くのに用いる他、革へ穴をあける際にも使用します

銀ペン

シュリンク革等、けがき線が認識しづらい革のギン面へ線を引く際等に重宝します

革のギン面に銀色のインクをのせることができるペン。丸錐の代わりに裁断線を引いたり、縫い線引きにも使用できます

ビニプライ

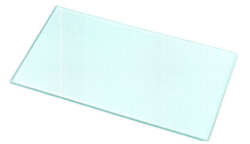

革やパーツを裁断する際、作業台の上を傷付けないために敷くマット。刃物の先を保護する役割もあります

定規

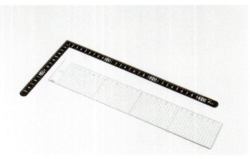

まっすぐ正確な裁断線を引いたり、裁断線に沿わせることで革を正確に裁断することができます

カッター

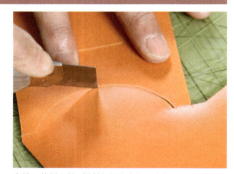

直線の裁断の他、鋭利な刃先を細かく動かせば、曲線もきれいに裁断することができます

革の裁断に使用するカッター。刃を折れば切れ味が復活し、替刃の入手も容易な裁断用の基本工具です

革包丁

プロの職人が使用する、革の裁断専用の刃物。扱いに慣れれば革をきれいに裁断できるようになりますが、切れ味を維持するため、定期的に研ぐ必要があります

別たち

革包丁とカッターの機能を合わせた、刃の交換が可能な刃物。革包丁と同じ感覚で革を裁断し、切れ味が落ちたら研ぐ代わりに刃を交換することができます

2.「仕立て」に使用する工具・資材

合成ゴム系接着剤

のびがよく、乾いても固くならない合成ゴム系接着剤。本誌の作品制作工程解説で、帆布同士や帆布と革等を仮止めする際、メインで使用する接着剤です

水溶性接着剤

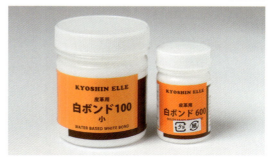

無色透明に乾燥する水溶性接着剤。接着時間が遅いため、ある程度であれば貼り直しも可能な、革の仮止め用の接着剤。生地のほつれ止めにも使用します

溶剤系合成接着剤

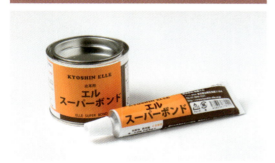

接着力が強力な、溶剤系合成接着剤。硬い革を曲げて仮止めする等、強固な接着力が求められる箇所や、コーティングされた帆布の接着等に用います

のりベラ

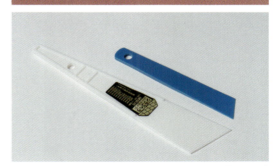

各種の接着剤を塗る際に使用するヘラ。接着剤に直接触れることなく、塗りたい範囲へスムーズに接着剤を塗ることができます

ローラー／金槌

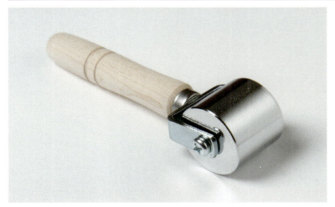

接着剤で貼り合わせた箇所の上に押し当て、転がすことで圧着(あっちゃく＝接着を強固にする)するための工具

ローラーの代わりに、金槌で叩いて圧着する方法もあります。ローラーが利かない箇所を圧着することもあるため、本誌では主に金槌を使用しています

コバ仕上剤

「コバ」＝革の裁断面の仕上剤。コバに塗ってすり磨き、コバの毛羽立ちを抑えて、表面を滑らかに整えます

コバに塗って軽く浸透させた後、スリッカー（木製の磨き板や棒）や布を何度か擦りつけると、その摩擦熱によってコバが締まり、光沢がでてきます

コバ染料

皮革専用染料で、コバ以外の染色にも使用できます。革に合わせて好みの色を選び、綿棒等に含ませて塗ります

本誌では、染色と同時にコバ仕上げができる「コバコート」を使用しています。同製品は、容器の口から直接塗ることができます

ゴム板

次頁の「ハトメ抜き」で穴をあける際、下に敷く硬質ゴム製の板。打撃による振動を吸収し、ハトメ抜きの刃先を保護するために敷きます

木槌

次頁の「ハトメ抜き」と「各種打ち棒」を打つ際に使用する、木製の打ち具。金槌でも代用できます

ハトメ抜き

穴をあける位置(印)を中心に、対象の表面全体に刃先をあて、木槌等の打ち具で打ち込んで穴をあけます

作品に各種の金具を付ける際、金具を取り付けるための穴をあける打ち具。各種サイズ(号数)があるので、取り付ける金具のサイズに合わせて用意する必要があります

各種打ち棒

ハトメ抜きであけた穴に金具をセットし、その金具に適合した打ち棒を金具に合わせて打ち込み、固定します

カシメやバネホック、ジャンパーホック等の金具を取り付ける際に使用する打ち棒。各種適合があるので、使用する金具に合った物を用意する必要があります

万能打ち台

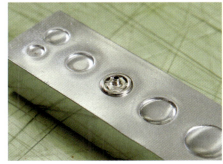

表面に設けられた多数の窪みは、取り付ける金具のサイズ毎に異なる面をぴったり収めて使用します

各種の金具を固定する際に必要となる打ち台。打ち棒を打った力を逃さず、金具を強固に固定するために欠かせない台で、写真の面とフラットな裏面の両面を使用します

ディバイダー

写真のようにパーツの側面へ均等な縫い線をけがく他、革の裁断線を引く際にも使用できます

側面のネジで先端の間隔を調整し、革の端に沿って動かすことで革の表面に縫い線をけがきます

くい切り

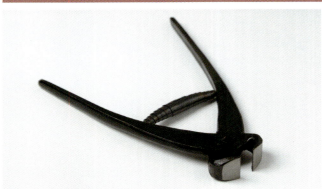

ファスナーのムシを刃先で挟み、力強く握ってムシを切断したり、掴んだまま引き抜いて除去します

強固で鋭い刃を持つ、ペンチ状の工具。ファスナーの長さを調整する際、ムシ(務歯)の除去に使用します

モデラ

縫製を終えた後、貼り合わせた革の接着面へモデラを挿し入れれば、きれいに開くことができます

本来はレザークラフトのカービングに使用する工具ですが、本誌では仮止めした接着面を開く用途や、ミシンの縫製時に段差で浮き上がる生地を抑えるために使用します

作品制作

ここからは、各作品の制作工程を解説していきます。各作品を制作する際は必ず、作品に使用する材料の余分等を使い、ミシンを試し縫いして糸目や糸調子を確認してください。

作品を上手に仕立てるポイント

ミシンによる縫製の際、縫う対象の厚みが薄くなる左写真のような段差部の先において、押さえの効果が弱まるために生地が浮き、糸が乱れることがあります。これを解消するためには、右写真のように段差の手前で針を止め、モデラ等で生地の浮き上がりを押さえながら手回しで縫います。段差部を完全に越え、押さえが縫う対称と平行になれば、後は通常通りに縫い進めることができます

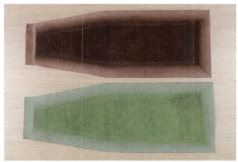

各作品に用いる革パーツに型紙記載の「漉き」を入れると、仕立ての難易度を下げるとともに、仕上がりを良くすることができます

平ミシンで写真のような曲線部を縫う際は、一針か二針縫う毎に押さえ上げ、縫う対称の角度を変えながら少しずつ縫います

筒型2WAYトートバッグ

小判型の底（小判底）に前胴と背胴を縫い合わせることで仕立てる、筒型のトートバッグ。口元の両脇にDカンを設け、ショルダーを接続することでショルダーバッグとしても使用できます。前胴のポケットに大きく革を使い、その存在感を主張しています。

仕上がりサイズ（本体） W275／H320／D90（mm）

筒型2WAYトートバッグ

材料

この作品の制作には、ラミネート加工が施されたカモフラージュ柄の「8号帆布」と、しっかりとコシのあるショルダー革「ルガトショルダー」を使用しています。

※帆布パーツ上の「↔」は、生地の縦地(縦糸の方向)を表しています

① 前胴／背胴(各1枚)
② 底
③ 内ポケット
④ 見付
⑤ ショルダー

① ショルダー革
② 根革 ×2
③ ショルダー金具革 ×2
④ ポケット革
⑤ 持ち手革 ×2

① 両面カシメ中(直径9mm) ×4
② Dカン(ベルト幅1.5cm) ×2

① ナスカン(ベルト幅3cm) ×2
② 両面カシメ中(直径9mm) ×2
③ 角カン(ベルト幅3cm)
④ コキカン(ベルト幅3cm)

ガラ芯(手紐芯)
直径4mm程度
50cm

グログランテープ
24mm幅
60cm

工具・資材

- コバ仕上剤
- スリッカー
- コバ染料
- 丸錐
- 銀ペン
- 両面テープ(3mm幅)

- 両面テープ(7mm幅)
- 定規
- 溶剤系接着剤
- 合成ゴム系接着剤
- のりベラ
- 金槌またはローラー

- ハサミ
- セロハンテープ
- 革包丁またはカッター
- ビニプライ
- ハトメ抜き(10号)
- ゴム板

- 木槌
- 打ち棒(両面カシメ中用)
- 万能打ち台

革パーツの
コバ仕上げ

仕立てた後では処理できない、各種革パーツのコバを先に仕上げます。ここでは、「持ち手革」を除く全ての革パーツのコバを仕上げます。

01 革パーツのコバ(裁断面)に、薄くコバ仕上剤を塗ります。スポンジや指先等で、仕上げる辺ごとに塗ります

02 コバにコバ仕上剤を塗った後、スリッカーを擦りあてて磨きます。始めに、革の表と床面からコバの角にスリッカーをあて、角の部分を磨きます

03 次に、コバの側面へ平行にスリッカーをあてて磨きます

04 磨いた後のコバにコバ染料を塗ります(※使用する革の種類や色合いにより、染色の有無を選んで構いません)

POINT

05 側面が長いショルダー革のコバは、革をまとめるとスムーズに仕上げることができます

本体の下準備

前胴にポケットを付け、これを背胴と中表で合わせた後、さらに底を合わせます。続けて、後に口元の内側に合わせる見付も仕上げます。

ポケットの取り付け

01 前胴と背胴に型紙をぴったり合わせ、「口元側と底側の各中心」「持ち手取付位置」「カシメ取付位置」「ポケット取付位置(四角)」を丸錐で突いて印を写します。突いただけでは跡が分かりにくいため、跡の上にペン等で小さく、明確に印を付けます

筒型2WAYトートバッグ

ポケット革の床面、短辺1辺を除く3辺の際に、3mmの両面テープをコの字に貼ります。両面テープの剥離紙を剥がし、両面テープを貼っていない短辺を口元側（上側）にして、四角をポケット取付位置と合わせて貼り合わせます

02

03 貼り合わせたポケット革の口元を除く3辺を、端から2〜3mmの位置で縫います。この時、口元の両端に強度を持たせるため、口元側のみ2目かがります

04 ポケットを合わせた前胴の両側面際に、仮止めのために3mmの両面テープを貼ります

前胴と背胴、底を合わせる

05 04で貼った両面テープの剥離紙を剥がし、中表（なかおもて＝生地の表同士を内側にして合わせる・重ねること）で背胴をぴったり貼り合わせます

06 貼り合わせた両側面の、端から7mmの位置に縫い線を引きます

07 06で引いた縫い線に従い、胴の両側面を縫い合わせます。縫い合わせた後、縫い代に貼った仮止めの両面テープを剥がします

本体の下準備

08 合わせた胴の底側、内側にあたる表の両側面、端から5mm程の範囲に溶剤系接着剤（※ラミネート加工が施されていない帆布を使用する場合は合成ゴム系接着剤）を塗ります

09 底の裏に型紙を合わせ、4ヵ所の「胴合わせ位置」を写します。4ヵ所に印を付けた後、底の表、全側面の端から5mm程の範囲に溶剤系接着剤を塗ります

10 底の曲線部中心にある「胴合わせ位置」と胴側面の縫い割り部の中心を先に合わせ、次に胴底側の中心と底の「胴合わせ位置」を合わせます。そして、それぞれの端を揃えて貼り合わせます。この時は、底の曲線部を先に貼り合わせ、直線部で余分を調整しながら貼り合わせます

CHECK
側面を縫い合わせた胴に、底を貼り合わせた状態です

11 胴を表にし、底を貼り合わせた全側面、端から7mmの位置を縫います。縫い始めは、直線部の中心辺りとします

12 底の両脇の曲線部は、縫う箇所を平らに均しつつ、一針一針確実に縫います。胴の両側面にある縫い代は、右写真のように広げて縫います

筒型2WAYトートバッグ

CHECK

胴に底を縫い合わせた状態。右写真は、広げて縫った縫い代の状態です

見付の下準備

13 見付の裏に型紙を合わせ、各「中心」位置の印を写します。見付の表、片側の短辺際に、仮止めのために3mmの両面テープを貼ります

14 両面テープの剥離紙を剥がし、中表で反対側の短辺を貼り合わせます

15 貼り合わせた短辺の、端から7mmの位置に縫い線を引きます。縫い線に従い、端から端までを縫い合わせます。このステッチは、両端に2目かがります

16 縫い代に貼った、仮止めの両面テープを剥がします

17 縫い割り部の中心と13で付けた印を揃え、両端を広げます。両端の折り目となる中心に印を付けます。この印は本体の両側面に合わせる印となります

本体の下準備

18 ステッチ部の表裏とも、ステッチの両脇に縫い代の幅分程、合成ゴム系接着剤を塗ります。縫い代を割って貼り合わせます

19 18で貼り合わせた縫い代を、金槌で叩いて圧着します

20 環状にした見付の片側面、端から1.5cmの位置に線を引きます

21 20で引いた線の外側に、合成ゴム系接着剤を塗ります

22 側面の端を線に合わせてへり返し、接着します。側面全てを貼り合わせたら、金槌で叩いて圧着します

23 現状で内側にあたる表より、へり返して貼り合わせた側面、端から3mmの位置を縫います

CHECK

片側面をへり返し、へり返した箇所を縫い合わせた見付の状態。以上で、見付の下準備は終了です

持ち手と根革の制作

しっかりとした握り応えのある、内側にガラ芯を収めた持ち手を仕上げます。また、根革にショルダー接続用のDカンを合わせます。

持ち手の制作

01 持ち手革の床面、各長辺の端から4cmの位置に印を付けます

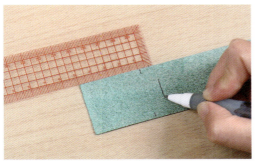

02 01で付けた印より1cm内側、革の中央部分に1cm程の線を引きます

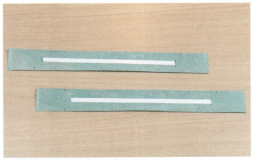

03 02で引いた各線の間に、7mmの両面テープを貼ります

04 ガラ芯の端がほつれないよう、セロハンテープでまとめます。セロハンテープの幅の半分程にガラ芯の先端を合わせ、先端をくるむようにテープを巻いた後、先端の先の余分をハサミでカットします

05 03で貼った両面テープの剥離紙を剥がし、まとめたガラ芯の端を線に合わせ、両面テープの上にガラ芯を貼ります

06 反対側の線を中心にしてガラ芯にセロハンテープを巻き付け、線上でガラ芯をカットします

持ち手と根革の制作

07 01で付けた印の間、端から1cm程の範囲（ガラ芯の両脇）に合成ゴム系接着剤を塗り、端をぴったり揃えて接着面を貼り合わせます

08 貼り合わせた箇所の両端、端から4cmコバから5mm程の位置に丸錐で印を付けます

09 08で付けた印の間を、貼り合わせた面にミシンの押さえをのせて縫います。縫い始めと縫い終わりは返し縫いします

CHECK ガラ芯を内側に収め、これを包むように側面を合わせて縫った持ち手の状態

10 ステッチの両端より1cm程度先からステッチの端に向かい、斜めに刃を入れて切り込みます。そして、ステッチの脇に2mm程度の余地を残し、ステッチ脇の革をカットします

CHECK 10でステッチ脇の余分な革をカットした持ち手の状態

11 カットした箇所を含め、持ち手のコバを冒頭の解説と同じ手順で仕上げます

根革の制作

12 中心にDカンの幅程度の余地を残し、根革の床面に合成ゴム系接着剤を塗ります

13 根革へDカンを通します

14 各端を揃えて接着面を貼り合わせた後、金槌やローラーで圧着します

内ポケットの制作

本体内側に設置する、内ポケットを制作します。帆布のみで仕立てる内ポケットは、端がほつれないようにグログランテープで処理をします。

01 内ポケットの表、片方の短辺際に7mmの両面テープを貼ります

02 両面テープの剥離紙を剥がし、接着面の端にグログランテープの側面を揃えて貼り合わせます。余ったグログランテープは、内ポケットの側面に揃えてカットします

内ポケットの制作

03 内ポケットを裏返し、グログランテープを内ポケット短辺のラインで折り返して折りグセを付けます

04 裏側のグログランテープを折り返した状態のまま、内ポケットの表側より、グログランテープの側面際を縫います

05 ステッチの両端を側面にかがり、この写真の状態にします。グログランテープを縫い合わせたこの短辺は、内ポケットの口元になります

06 内ポケット裏の両側面、グログランテープを合わせていない残りの短辺から4cmの位置に印を付けます

07 06で付けた印に、裏合わせで内ポケット口元の両端を揃え、生地を伸ばした底にあたる位置に折りグセを付けます

08 内ポケットの裏を表にし、その両側面際、口元から折りグセまでの範囲に3mmの両面テープを貼ります

09 両面テープの剥離紙を剥がし、07で折りグセを付けた時と同じく、裏合わせで両側面を貼り合わせます

10 口元を上にした状態で、内ポケットの側面際に7mmの両面テープを貼ります

筒型2WAYトートバッグ

11 左写真のように、グログランテープの端に4mm程の間隔を空けて3mmの両面テープを貼ります。両面テープの剥離紙を剥がし、接着面の端が完全に隠れるように端を折り返して貼り合わせます

12 10で貼った両面テープの剥離紙を剥がし、11で折り返したグログランテープの端を底のラインに揃え、接着面の端にグログランテープの側面を揃えて貼り合わせます。余ったグログランテープは、内ポケットの口元の上にあたる短辺の端に揃えてカットします

CHECK
内ポケットの両側面に、グログランテープを貼り合わせた状態です

13 03の工程と同様、グログランテープを内ポケット側面のラインで折り返し、折りグセを付けます

14 グログランテープを折り返した状態のまま、内ポケットの表側よりグログランテープの側面際を縫います

CHECK
ステッチの底側を側面にかがり、内ポケットをこの写真の状態に仕上げます

本体の制作

中表状態の本体口元に根革と持ち手を合わせ、見付を縫い合わせた後に内ポケットを縫い合わせ、最後に持ち手をカシメで固定します。

01 見付を表に返し、へり返していない側面際に7mmの両面テープを貼ります。この両面テープは、環状に接続した縫い割り部の中心から一周貼ります

02 根革の片側面、Dカンが収まった位置より3〜4mm間隔を空けた位置に7mmの両面テープを貼ります(左写真)。持ち手の両側面へ、端を揃えて7mmの両面テープを貼ります

03 根革に貼った両面テープの剥離紙を剥がし、本体内側の両側面、縫い割り部の中心と根革の中心及び側面を揃え、写真のように根革を下向きにして貼り合わせます

04 持ち手の両側面に貼った両面テープの剥離紙を剥がし、本体内側の口元に付けた「持ち手取付位置」の間に合わせ、写真のように下向きで持ち手を貼り合わせます

05 本体の口元に、へり返した側面を下にして見付を収めます。見付の縫い割り部の中心を、背胴の口元に付けた「中心」に合わせ、見付の両面テープの剥離紙を徐々に剥がしつつ、各口元の側面をぴったり揃えながら貼り合わせていきます

筒型2WAYトートバッグ

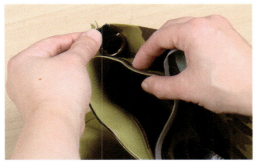

06 口元の中心から持ち手辺りまでを貼り合わせたら、見付側面の印（p.29の17で付けた印）を本体側面の縫い割り部の中心に合わせます

07 各側面の中心を合わせたら、持ち手までの間の範囲を貼り合わせていきます

CHECK
間に持ち手と根革を挟み、本体の口元に見付を貼り合わせた状態です

08 見付の裏を表にし、この写真の方向で貼り合わせた口元際を一周縫います。このステッチは、両面テープのみで合わさっている持ち手と根革を仮止めするためにかけます

POINT
09 本体側面の縫い代は、その手前で一旦ミシンを止め、広げた状態で縫います

10 08のステッチを終えたら、本体の向きを変え、口元際より1cmの位置を一周、本縫いします

CHECK
09と同様、本体側面の縫い代を広げて縫い、この写真の状態にします

11 見付の本縫いを終えたら、見付を口元から引き出し、本体の底を引き出して表に返し、形を整えます

本体の制作

12 本体の形を整えた後、口元に出ている見付を本体の内側に収め、見付がすっきりと収まる位置で折りグセを付けます

13 内ポケットの口元より上の短辺に定規をあて、その横幅の中心に印を付けます

14 13で印を付けた短辺に、側面を揃えて7mmの両面テープを貼ります

15 本体口元の見付を返し、10で本縫いしたステッチの外側、各持ち手の端から端の間に7mmの両面テープを貼ります

16 内ポケットに貼った両面テープの剥離紙を剥がし、背胴側の見付の縫い代を上へめくり、13で付けた印を見付の縫い割り部の中心に揃えて内ポケットを写真のように合わせます

17 上へめくった縫い代を元に戻し、内ポケットに貼った両面テープの接着面に合わせます

18 背胴側の見付に貼った両面テープの剥離紙を剥がし、12で付けた折りグセ通りに見付を戻します。これにより、内ポケットが見付の縫い代と見付に挟まれます

筒型2WAYトートバッグ

19 各両面テープの接着面を圧着し、12で折りグセを付けた箇所も金槌で叩き、折りグセをさらにしっかりと付けます

20 内ポケットの無い前胴は、15で貼った両面テープで18と同様に見付を本体裏に貼り合わせます。そして、本体の表より口元から2〜3mmの位置を縫います

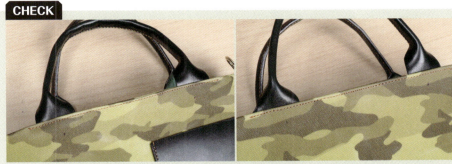

CHECK

本体の口元から2〜3mmの位置を縫った状態です。このステッチは、各持ち手の外側の間を縫い、各持ち手外側の端より2〜3目先まで返し縫いします

CHECK

持ち手の外側の端まで返し縫いすることにより、内ポケット上部を両端までしっかりと縫い合わせることができます

21 p.26の01で写したカシメ取付位置に、10号のハトメ抜きで穴をあけます

22 21であけた穴に両面カシメ中をセットし、打ち棒で打って固定します

CHECK

持ち手の取付部に両面カシメ中を打った状態です

ショルダーの制作

帆布と革を組み合わせ、各種の金具を取り付けてショルダーを制作します。金具を取り付ける順序を間違えないように注意してください。

01 ショルダーの裏に、長辺を2分する線を引きます。線を引き終えたら、裏の全面に合成ゴム系接着剤を塗ります

02 01で引いた線に長辺の側面を合わせ、折り返して貼り合わせます。貼り合わせた後は、接着面を圧着します

03 片側を貼り合わせたら、反対側も同様に貼り合わせて圧着します

04 ショルダー革の床面を表にし、その中心に7mmの両面テープを貼ります

05 両面テープの剥離紙を剥がし、ショルダー革をショルダーの折り返した面の中心に端を揃えて貼り合わせます

06 反対端でショルダー革か帆布のどちらかが余った場合は、端を揃えてカットします

07 ショルダー革の両側面、端から2～3mmの位置を縫います

筒型2WAYトートバッグ

CHECK
ショルダー革の両側面を縫い終えた状態です。端は金具革で隠れるため、折り返して続けて縫うことができます

08 ショルダー金具革に型紙を合わせて印を写し、写した印の位置に10号ハトメ抜きで穴をあけます

09 2枚のショルダー金具革に、この写真のように穴をあけます

10 ショルダー金具革で、コキカンの中央の線を挟みます

11 コキカン中央の線を挟んだ状態のまま、さらにショルダーの端を挟みます。そして、ショルダーの端とショルダー革の間に線を挟んだ状態で、ショルダー(ショルダー革の上)に穴位置を写します

12 残りのショルダー革でナスカンを挟み、ショルダーのもう一方の端(11の逆)を挟んだ状態で穴位置を写します

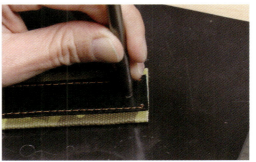

13 11と12で写した穴位置に、10号のハトメ抜きで穴をあけます

ショルダーの制作

14 11でコキカンを合わせたショルダーの端に、角カンとナスカンを順に通します

15 ショルダーの端を裏合わせになるように折り返し、14で先に通した角カンに通します

16 14〜15で取り回したショルダーの端にコキカンを挟んだショルダー金具革を合わせ、両面カシメ中を固定します

17 ショルダーの反対端を、写真のようにコキカンへ通します

18 17で通した先を一杯まで引き、折り返してコキカンの中央線の反対側に通します

19 18で取り回したショルダーの端にナスカンを挟んだショルダー金具革を合わせ、両面カシメ中を打って固定します

筒型2WAYトートバッグ

CHECK

完成したショルダーの状態。コキカンとナスカンの各金具を固定する際は、ショルダーの取り回しを誤っていないかを確認してください

完 成

完成した「筒型2WAYトートバッグ」です。ここではラミネート加工が施された帆布を使用していますが、ベーシックな帆布を材料にすれば、もう少し柔らかい雰囲気の作品に仕上がります。

用途に応じて取り外しが可能なショルダーが付く他、一般的なスマートフォンサイズの小物が収納できるポケットを備え、機能性は充分。制作難易度も比較的低いので、帆布と革の扱いやミシンの縫製に慣れるのにも最適な作品です

フォールディング2WAYトート

1枚の帆布を底で折り、側面を縫い合わせて袋状にするシンプルな設計のトートバッグ。本体の中央に帯革と根革を設け、帯革の上部を畳むことでショルダーバッグとしても使用できます。底に付ける角革は、どちらのスタイルでもチャームポイントとなります。

仕上がりサイズ(本体) W390／H420／D105(mm)

フォールディング2WAYトート

材料

この作品の制作には、アニリン加工が施されたクロコダイル調の「8号帆布」と、使い込む程に表情が変化する、タンニン鞣し・無着色の「ヌメ革」を使用しています。

※帆布パーツ上の「↔」は、生地の縦地（縦糸の方向）を表しています

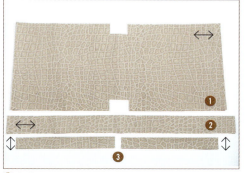

1. 本体
2. ショルダー
3. 見付

1. 帯革 ×2
2. 角革 ×4
3. 持ち手革 ×2
4. 根革 ×2
5. ショルダー金具革 ×2

1. Dカン（ベルト幅3cm）×2
2. 両面カシメ中（直径9mm）×4
3. バネホック大（直径13mm）

1. 両面カシメ中（直径9mm）×2
2. 角カン（ベルト幅3cm）
3. コキカン（ベルト幅3cm）
4. ナスカン（ベルト幅3cm）×2

上記の革パーツは、「持ち手革」を除く全てのパーツのコバを仕上げておきます

グログランテープ
24mm幅
120cm

工具・資材

- コバ仕上剤
- スリッカー
- 両面テープ（3mm幅）
- 両面テープ（7mm幅）
- セロハンテープ
- 合成ゴム系接着剤
- のりベラ
- 革包丁またはカッター
- ビニプライ
- ペン
- 定規
- ディバイダー
- 金槌またはローラー
- ハトメ抜き（8・10・18号）
- ゴム板
- 木槌
- 打ち棒（両面カシメ中用）
- 打ち棒（バネホック大用）
- 万能打ち台
- ハサミ
- 千枚通し
- ガラ芯（直径4mm程度）

持ち手の制作

本体を制作する際に組み合わせる、持ち手を先に制作します。持ち手の制作手順は、前項の「筒型2WAYトートバッグ」と同様です。

01 持ち手革の床面、各長辺の端から3cmの位置に印を付け、付けた印より1cm内側、革の中央部分に1cm程の線を引きます

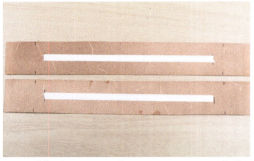

02 01で引いた1.5cmの線の間に、7mmの両面テープを貼ります

03 02で貼った両面テープの剥離紙を剥がし、ガラ芯を各線の間に貼り合わせます。ガラ芯の両端はセロハンテープでまとめ、ほつれ止めをします(p.31参照)

04 01で付けた端から3cmの印の間に合成ゴム系接着剤を塗り、持ち手革の側面を貼り合わせます。ヌメ革はコシが強いため、接着剤を多めに塗ります

05 01で付けた端から3cmの印の間を、貼り合わせた面にミシンの押さえをのせて縫います。縫い始めと縫い終わりは、強度を持たせるために返し縫いします

06 ステッチの両端より1cm程度先からステッチの端に向かい、斜めに刃を入れて切り込みます。そして、ステッチの脇に2mm程度の余地を残し、ステッチ脇の革をカットします

フォールディング2WAYトート

07 カットした箇所を含め、持ち手のコバを仕上げます

CHECK

同じ手順で残りの持ち手も制作し、2本の持ち手を準備しておきます

本体の制作

本体に角革、帯革、見付、持ち手を順に取り付け、側面をグログランテープで巻いて縫い合わせ、内縫い仕立ての本体を制作します。

角革と帯革の取り付け

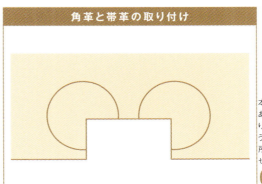

01 本体両側面の中央にある凹みに、角革を貼り合わせます。図のように、直角に裁った箇所を凹みの角に合わせて貼り合わせます

02 角革を本体の凹みに仮合わせし、貼り合わせる範囲を確認しながら合成ゴム系接着剤を塗ります。本体に接着剤を塗り終えたら、角革の床面全面にも接着剤を塗ります

03 角革と本体の角を揃え、角革を本体に貼り合わせます

04 後に接着するため、あらかじめ角革の直角部の辺、端から3mm程の範囲を革包丁やカッターで削り、ギン面を荒らしておきます（※接着を良好にするために荒らします）

本体の制作

05 本体に型紙を合わせ、口元にあたる両短辺へ「中心」「持ち手取付位置」の印を写します

06 続けて、本体の両側面に「帯革取付位置」の印を写します

07 両側面の帯革取付の印を定規でつなぎ（印より内側に、帯革で隠れるのり代の線を引いても構いません）、帯革を合わせる範囲に合成ゴム系接着剤を塗ります

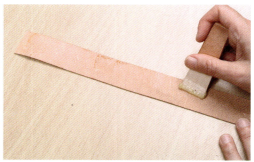

08 帯革の床面、全面に合成ゴム系接着剤を塗ります

09 07と同様、両側面の帯革取付の印を定規でつなぎ、これを基準に帯革をまっすぐに貼り合わせます

10 帯革の両側面、端から2mmの位置を縫います

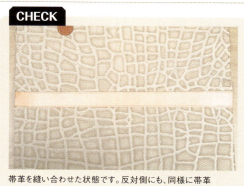

CHECK

帯革を縫い合わせた状態です。反対側にも、同様に帯革を縫い合わせます

フォールディング2WAYトート

11 ディバイダーを2mm幅にセットし、本体に合わせた角革の曲線部に縫い線を引きます（※曲線部を正確に縫える方は、縫い線を引かずに縫っても構いません）

12 縫い線に従い、角革の曲線部を縫います

POINT

13 本体が大きいため、生地を上手く取り回しながら少しずつ縫っていきます

CHECK

角革の側面（曲線部のみ）を縫い合わせた状態です

本体口元のへり返し

14 本体の両短辺（口元）、端から2cmの位置に線を引き、引いた線の範囲内に合成ゴム系接着剤を塗ります

15 短辺の端を線に合わせてへり返し、接着します。全てを貼り合わせたら、金槌で叩いて圧着します

本体の制作

見付の制作

16 見付の長辺、端から1.5cmの位置に線を引き、引いた線の範囲内に合成ゴム系接着剤を塗ります

17 長辺の端を線に合わせてへり返し、接着します。全てを貼り合わせたら、金槌で叩いて圧着します

18 へり返した長辺の表、端から2〜3mmの位置を縫います

CHECK
2つの見付の長辺を、同様にへり返して縫います

19 反対側の長辺、端から2cmの位置に線を引き、引いた線の範囲内に合成ゴム系接着剤を塗ります

フォールディング2WAYトート

20 長辺の端を線に合わせてへり返し、接着します。全てを貼り合わせたら、金槌で叩いて圧着します

21 見返しの表側、直前にへり返した長辺の端より1.5cm、両端から21cm(長辺の中心)の位置に印を付けます

22 21で付けた印位置に、8号のハトメ抜きで穴をあけます。この穴はバネホック・メスを取り付ける穴で、片方の見付のみにあけます

口元に持ち手と見付を合わせる

23 各持ち手の両端、端から7mmの範囲のギン面を荒らします

24 持ち手両端の23で荒らした範囲と、その裏の床面、端から7mm程の範囲に合成ゴム系接着剤を塗ります

25 本体の裏、口元のへり返した箇所全面に合成ゴム系接着剤を塗ります

26 見付の裏、20でへり返した箇所全面に合成ゴム系接着剤を塗ります

本体の制作

27 持ち手の両端を本体裏の口元、へり返した箇所に貼り合わせます。05で付けた印の間に、口元のへり返した端と持ち手の端を揃え、持ち手のギン面側を貼り合わせます

28 持ち手を貼り合わせたら、次に見付を貼り合わせます。へり返して縫った長辺を下に向けて側面を揃え、本体口元のラインと側面のラインをぴったり揃えて貼り合わせます

CHECK

反対側の本体口元にも、同様に持ち手と見付を貼り合わせ、この写真の状態にします

29 本体の表より、口元の端から2mmの位置を側面から反対側面まで縫います

CHECK

本体と見付の間に持ち手を挟み、口元で見付を縫い合わせた状態です

バネホックの取り付け

30 バネホックを付けていない見付側の本体を表にし、口元の端より1.5cm、両端から21cm（口元の中心）の位置に印を付けます

31 30で付けた印位置に、18号のハトメ抜きで穴をあけます。この穴はバネホック・オスを取り付ける穴で、本体の裏に合わせた見付まで貫通させます

フォールディング2WAYトート

32 22であけた穴にバネホック・メス、31であけた穴にバネホック・オスを取り付けます

CHECK 本体の口元へ、各バネホックを付けた状態。取り付ける位置や向きを間違えないように注意してください

最終仕上げ

33 本体に縫い合わせた各帯革の両側面、端から3mmの範囲のギン面を荒らします

34 本体を表にし、両側面の端から3mmの範囲に合成ゴム系接着剤を塗ります。側面中央の四角く窪んだ箇所も、角革のギン面を荒らした箇所を含めて接着剤を塗ります

35 接着剤を塗った両側面を、中表で貼り合わせます。まずは口元のラインを揃えて貼り合わせ、次に帯革を揃えて貼り合わせます

本体の制作

36 口元から帯革までの範囲を、直線部で余分を調整しながら貼り合わせます。次に底側の角を揃え、帯革から底側の角までの範囲を同様に貼り合わせます

37 見付の側面を返し、側面の端から3mmの範囲（左写真）と、見付の側面が重なる本体裏の側面、3mmの範囲（右写真）に合成ゴム系接着剤を塗ります

38 37の接着面を貼り合わせ、見付を含む本体裏の全側面、端から7mm程の範囲に合成ゴム系接着剤を塗ります

POINT

39 接着剤を塗った側面の裏側の見付にも、端から7mm程の範囲に接着剤を塗ります

40 グログランテープを本体側面＋10cm程の長さに切り出し、片端の2cm四方全面と右側面（38の反対側の場合は左側面）から1cm弱の範囲に合成ゴム系接着剤を塗ります

41 グログランテープの2cm四方全面に接着剤を塗った箇所を、39の接着面に貼り合わせます。口元から2cm程の位置より、テープの端から7mm程貼り合わせます

フォールディング2WAYトート

42 グログランテープを口元で折り返し、本体逆側の38で接着剤を塗った接着面へテープの端から7mm程を貼り合わせていきます。底までテープを貼り合わせたら、右写真の底のラインで余分をカットします

43 本体を返し、見付の側面で重なるグログランテープを写真のように貼り合わせます

44 再び本体を返し、本体の側面に出たグログランテープを側面のラインで折り返し、折りグセを付けます

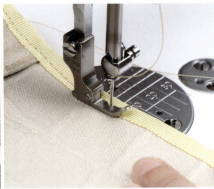

グログランテープを貼り合わせた側面を表にし、裏側へテープを折り込みした状態で口元から底まで、側面から6mm程の位置を縫います。この時、縫い始めは口元へかけて2目かがります

45

CHECK

反対側の側面も、同様にグログランテープを縫い合わせます。折り込んだグログランテープの方が幅に余裕があるため、ステッチが落ちることはありません。右写真は、2目かがった口元の状態です

本体の制作

46 本体の底、各角革の切り込んだ直角の頂点を折り、端を揃えてぴったり貼り合わせます。接着力が弱い場合は、再度接着剤を塗り直します

47 46で貼り合わせた底、側面から3mmの位置を端から端まで縫います。グログランテープを巻いた側面の縫い代は、バネホックのオスを取り付けた見付側に倒して縫います

CHECK 底の側面を縫った状態です。縫い始めと縫い終わりの位置は、この写真を参照してください

48 グログランテープの端1.5cm程に合成ゴム系接着剤を塗り、接着面を半分に折り返して貼り合わせます

49 47で縫い合わせた底の端にグログランテープの端を揃え、反対端に7mmの余分を持たせてカットします。7mmの余分を折り返して貼り合わせ、グログランテープを底の側面と同じ長さにします

50 49で準備したグログランテープの両端を折り返した面全面に合成ゴム系接着剤を塗ります。49でグログランテープを合わせた底側面の表と裏、端から7mm程の範囲にも接着剤を塗ります

51 グログランテープと底側面の両端を揃え、縫い代がある側の接着面（7mm程）に貼り合わせます

フォールディング2WAYトート

52 底側(縫い代が無い側)にグログランテープを折り返して貼り合わせます

53 51でグログランテープを貼り合わせた面より、底の側面から6mm程の位置を端から端まで縫います

CHECK

53でグログランテープを縫い合わせた状態。反対側の底側面も、同様にグログランテープを合わせて縫います

54 底を引き出すようにして本体を返し、全体の形を整えます

55 中心にDカンの幅程度の余地を残し、根革の床面に合成ゴム系接着剤を塗ります。根革へDカンを通し、各端を揃えて接着面を貼り合わせます

56 貼り合わせた根革の角を軽く落とし、コバを仕上げます

57 型紙上の印位置に、10号のハトメ抜きで穴をあけます

58 本体側面、帯革上側(持ち手側)の縫い割り部の中心と根革の中心及び、帯革と根革のラインを揃えて合わせ(左写真)、根革にあけた2ヵ所の穴位置を写します

本体の制作

CHECK

58で付けた印位置に、千枚通しで穴をあけます。この穴は、カシメのアシがギリギリ通る程度の大きさであけます

59 58と同様に根革を合わせ、両面カシメ中を固定します

ショルダーの制作

本作品のショルダーは、革を使わずに帆布のみで制作します。各種金具の付け方は、前項の「筒型2WAYトートバッグ」を参照してください。

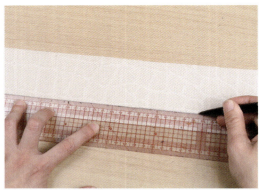

01 ショルダーの両長辺、端から2cmの位置に線を引きます

02 各線より外側（側面側）に、合成ゴム系接着剤を塗ります

03 各線に長辺の側面を合わせ、折り返して貼り合わせます。貼り合わせた後は、接着面を圧着します

04 折り返した側面を内側にして半分に折り、折り目を金槌で叩いて折りグセを付けます

05 ショルダーを半分に折った状態のまま、両側面の端から2mm程の位置を縫います

フォールディング2WAYトート

CHECK
ショルダーの両側面を縫い終えた状態です。端は金具革で隠れるため、折り返して続けて縫うことができます

06 p.41～p.42と同じ手順で、各種の金具を取り付けます

完 成 完成した「フォールディング2WAYトート」です。シンプルなデザインながら、トートバッグとショルダーバッグのどちらをメインにしても使えるユーティリティと、どちらの場合にも映える高いデザイン性を持ち合わせています。

帯革の上を折り、持ち手側を身体の方に寄せて使用した場合は、あたかもショルダーバッグにしか見えないデザインです。本作品に使用したヌメ革は、使い込む程に色と風合いが変化するエイジングを楽しむことができます

ベーシックフォルムの ビッグトート

オーソドックスなフォルムながら、横幅62cm、高さ39cm、そしてマチ（奥行き）も18cmと、全てのスケールが大きいビッグトート。本体両側面のポケットと持ち手、さらには底の全面へ贅沢に革を使い、帆布と革の魅力を最大限に楽しめます。

仕上がりサイズ（本体）　W620／H390／D180（mm）

材 料

この作品の制作には、バイオウォッシュ加工が施された生成りの「8号帆布」と、程良い光沢感と発色の良さ、そしてソフトな風合いを持つ「コンビ鞣し革」を使用しています。

※帆布パーツ上の「↔」は、生地の縦地(縦糸の方向)を表しています

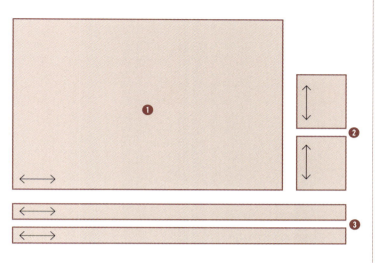

❶ 本 体
❷ ポケット(11号帆布) ×2
❸ 持ち手 ×2

❶ 底 革
❷ ポケット革 ×2
❸ 持ち手革 ×2

工具・資材

- 伸止めテープ(1.5cm幅)
- 伸止めテープ(1.9cm幅)
- 両面テープ(3mm幅)
- 両面テープ(7mm幅)
- 定 規
- ペ ン
- 金槌またはローラー
- ハサミ
- 合成ゴム系接着剤
- のりベラ
- 丸 錐
- 銀ペン
- 革包丁またはカッター
- グログランテープ(24mm幅)

持ち手の制作

帆布に革を合わせ、本体の側面にあるポケットの両サイドまで通してつながる、1本の長い持ち手を制作します。

01 持ち手革の床面中央に、端から端まで1.9cmの伸止めテープを貼ります

02 01で貼った伸止めテープの両側面に、2mm程の間隔を空けて7mmの両面テープを貼ります

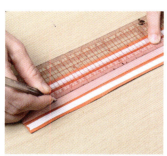

03 伸び止めテープの中心に、線を引きます

04 02で貼った両面テープの剥離紙を剥がし、側面の端を03で引いた線に合わせてへり返し、貼り合わせた後に圧着します

CHECK

両側面をへり返した持ち手革の裏(上)と表(下)

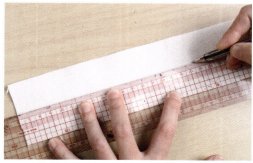

05 持ち手の側面(長辺)から3cmの位置に、中心線を引きます

ベーシックフォルムのビッグトート

06 05で引いた中心線の両側面に、4〜5mm程の間隔を空けて7mmの両面テープを貼ります

07 06で貼った両面テープの剥離紙を剥がし、側面の端を05で引いた線に合わせてへり返し、貼り合わせた後に圧着します

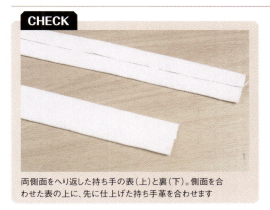

CHECK
両側面をへり返した持ち手の表（上）と裏（下）。側面を合わせた表の上に、先に仕上げた持ち手革を合わせます

08 持ち手革の裏、中心の合わせ目に沿って7mmの両面テープを貼ります

09 08で貼った両面テープの反対側にも、同様して7mmの両面テープを貼ります

10 8〜9で貼った両面テープの剥離紙を徐々に剥がしつつ、端を揃えて持ち手裏の中心に持ち手革を貼り合わせます

11 反対側の端まで持ち手革を貼り合わせたら、持ち手の余分を持ち手革の端でカットします

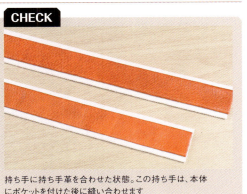

CHECK
持ち手に持ち手革を合わせた状態。この持ち手は、本体にポケットを付けた後に縫い合わせます

ポケットの制作

本体の両側面に合わせる、ポケットを制作します。このポケットは、革の裏側に11号帆布を合わせて作ります。

01 ポケットの短辺、端から8mmの位置に線を引きます

02 01で引いた線に側面を合わせ、線の内側に1.5cmの伸止めテープを貼ります

03 ポケットを裏返し、伸止めテープを貼った短辺の裏側に、端から2mmの間隔を空けて3mmの両面テープを貼ります

04 ポケット革の短辺、端から2mmの位置に線を引きます

05 03で貼った両面テープの剥離紙を剥がし、04で引いた線に側面を揃えてポケットを貼り合わせます

06 ポケットに貼った伸止めテープの外際を、端から端まで縫います。縫い始めと縫い終わりは、側面へ2目程度かがります

ベーシックフォルムのビッグトート

07 06で縫ったステッチの外際に、1mm程の間隔を空けて7mmの両面テープを貼ります

08 ポケット革の床面を表にし、全側面の際に7mmの両面テープを貼ります

09 ポケット革の床面を表にした状態で、縫い合わせたポケットを開きます。08で貼ったステッチ際及び、両側面に貼った両面テープのステッチ際の剥離紙を剥がし、06で縫ったステッチを境にポケット革の側面を折り返して貼り合わせます

10 07で貼った両面テープと、08で貼った両面テープの剥離紙を全て剥がします

11 ポケットをステッチ部で折り返し、ポケット革とポケット全ての側面を揃えて貼り合わせます

12 全側面を正確に揃え、しっかりと貼り合わせます

CHECK

以上でポケットは完成です。ポケット上側の、僅かに帆布が出ている辺が口元になります

持ち手とポケットの取り付け

先に制作した持ち手とポケットを本体に取り付けます。本体の側面へ先にポケットを取り付け、ポケットに合わせて持ち手を取り付けます。

01 本体の両短辺、端から2cmの位置に線を引き、線の外側に合成ゴム系接着剤を塗ります

02 側面の端を線に合わせてへり返し、貼り合わせます

03 線の位置で側面をさらにへり返し、折りグセを付けます

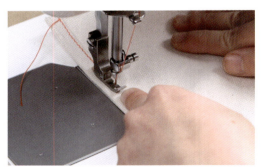

04 折り返した側面、端から2〜3mmの位置を縫います

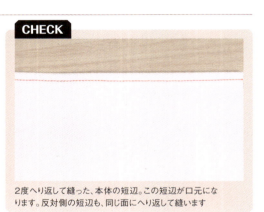

CHECK

2度へり返して縫った、本体の短辺。この短辺が口元になります。反対側の短辺も、同じ面にへり返して縫います

05 本体の口元をぴったり揃えて半分に折り、できた折り目の両端に印を付けます。ここで付けた印が、底の中心になります

06 本体を表にし、05で付けた印の両脇14.5cmの位置に印を付けます

07 本体を底で半分に折り、05で付けた印の両脇13.5cmの位置に印を付けます

08 07で付けた印を定規でつなぎ、口元と平行に並ぶ線を引きます

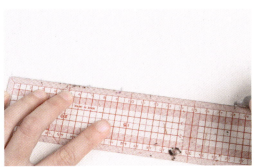

09 08で引いた線の中心(両側面から32cmの位置)に印を付け、その両脇9cmの位置にも印を付けます

10 09で付けた中心両脇の各印に、ポケットの底の両角を合わせて仮置きします

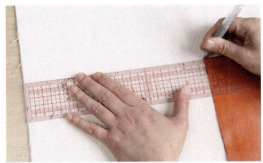

11 本体両側面からポケット口元までの長さがどちらも23cmになる位置に調整し、ポケット口元の両端に印を付けます。付けた各印と、09で付けたポケット底側の中心両脇の各印をつなぐ線を引きます

持ち手とポケットの取り付け

08〜11の工程により、本体側面にこの写真のようなポケットの貼り代を設けることができます

12 ポケットの裏、底側に7mmの両面テープを貼り、両側面に3mmの両面テープを貼ります

13 12で貼った両面テープの剥離紙を剥がし、08〜11の工程で設けた貼り代に合わせてポケットを貼り合わせます

14 ポケットの口元を除く3辺を縫います

本体にポケットを縫い合わせた状態。このステッチは端ギリギリの位置を縫い、口元側は2目かがります

15 ポケットの底のステッチ近くに、本体側面から24cmの位置に印を付けます

16 ポケット口元寄りのステッチ近くにも、本体側面から24cmの位置に印を付けます

17 15と16で付けた印をつなぐけがき線を引きます。ポケットの片側側面にけがき線を引いたら、反対の側面にも同様にけがき線を引きます

18 本体の口元、側面から24cmの位置に印を付けます

19 18で付けた印と17で引いたけがき線を定規でつなぎ、17で引いたけがき線の延長線をけがきます

20 19で本体口元まで延ばしたけがき線の外側（本体側面側）に、端を揃えて7mmの両面テープを貼ります

21 20で貼った両面テープから1cm間隔を空け、その外側（本体側面側）へ平行に7mmの両面テープを貼ります

22 ポケットの反対側側面も同様、7mmの両面テープを平行に2本貼ります

持ち手とポケットの取り付け

23 　20～22で貼った両面テープの剥離紙を剥がし、持ち手を貼り合わせます。持ち手の端をけがき線の上へ重ね、けがき線を隠しながら持ち手を貼っていきます

24 　持ち手を貼り合わせたら、しっかりと圧着します

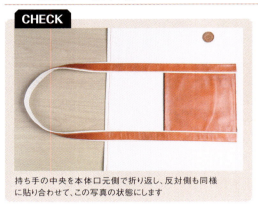

CHECK

持ち手の中央を本体口元側で折り返し、反対側も同様に貼り合わせて、この写真の状態にします

25 　貼り合わせた持ち手の革の両側面、端から1～2mmの位置を通して縫います

26 　どちらかのポケット底側から縫い始め、本体の口元を越えた後は、持ち手と持ち手革を縫っていきます

27 　持ち手革の片側面を縫い終えたら、反対側面も同様に通して縫い合わせます

CHECK

本体に持ち手を縫い合わせた状態です。本体の反対側にも、同様にポケットと持ち手を合わせます

底革の取り付け

底革の両長辺をへり返した後、本体を広げてその中心に底革を貼り合わせ、本体口元のラインと平行にステッチを入れて縫い合わせます。

01 底革の両長辺、端から2cmの位置に線を引きます

02 01で引いた線の外側に合成ゴム系接着剤を塗ります

03 側面の端を線に合わせてへり返し、貼り合わせます

04 貼り合わせた箇所を圧着します

05 底革口元の辺を揃えて中表で半分に折り、折った箇所の両側面に印（底の中心）を付けます

06 p.67の08で引いた線に、端を揃えて7mmの両面テープを貼ります

07 p.67の06で付けた印を両側面の間でつなぎ、ポケット（革）の上を含めてけがき線を引きます

底革の取り付け

08 本体の両側面に沿い、06で貼った両面テープの間に7mmの両面テープを貼ります

09 06で貼った両面テープの剥離紙を剥がし、07で引いたけがき線に底革のへり返した辺を重ねて貼り合わせます

10 底革のへり返した端をけがき線の上へ重ね、けがき線を隠しながら底革を貼っていきます

11 ポケットの上も、けがき線を隠しながら底革を重ねて貼り合わせます

12 底革の各へり返した辺を貼り合わせたら、06で本体側面に貼った両面テープの剥離紙を徐々に剥がしつつ、端を揃えて底革の側面を貼り合わせます

13 底革のへり返した両辺、端からギリギリの位置を側面から側面まで縫います

14 13のステッチを終えたら、その3mm程内側も側面から側面まで縫います

CHECK
本体に底革を縫い合わせた、ここまでの状態です

本体の仕上げ

本体の両側面を中表で貼り合わせ、生地のほつれ止めにグログランテープを巻いた状態で縫い合わせ、内縫いで本体を仕上げます。

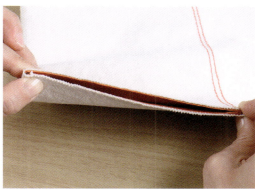

01 本体に合わせた底革を、縫い合わせた辺の端を揃えた状態で中表で折り、p.71の05で付けた底の中心位置を確認します

02 01で確認した位置の本体側（帆布）に印を付けます。印がずれていた場合は、折り目に印を付けます

03 本体（表）の両側面、01の印の両端18cmの位置に印を付けます

04 底革の両側面、端から4mm程の範囲のギン面を荒らします

05 本体（表）の両側面、口元から反対側の口元まで、端から4mm程の範囲に合成ゴム系接着剤を塗ります

本体の仕上げ

06 04で荒らした底革のギン面にも、同様に合成ゴム系接着剤を塗ります

07 01〜02で付けた底中心の印と03で付けた印を、中表で合わせます

08 残りの03で付けた印も底中心の印に合わせ、各側面の端をぴったり揃えてこの写真のように貼り合わせます

09 底を08の通りに貼り合わせたら、口元をぴったり揃えた状態で口元付近の側面を貼り合わせます

10 口元から底にかけての全側面を、端をぴったり揃えて余分を調整しながら貼り合わせます

11 08で二又に分かれた底を広げ、その端から4mm程の範囲に合成ゴム系接着剤を塗ります

12 11の接着面を、側面のラインをぴったり揃えて貼り合わせます

ベーシックフォルムのビッグトート

13 07～12で貼り合わせた本体両側面の端からギリギリの位置を、口元から底まで仮止めのために縫います

CHECK

貼り合わせた本体の側面を口元から底まで、仮止めのために縫い合わせた状態です

14 13で縫った両側面の表と裏、端から7mmの範囲に合成ゴム系接着剤を塗ります

15 グログランテープを47cmの長さに切り出し、片面全面に合成ゴム系接着剤を塗ります

16 口元の上へ1.8cm程余らせ、14で接着剤を塗った7mm幅の接着面にグログランテープを貼り合わせます。底側に余るテープは、口元同様1.8cm程残してカットします

17 口元と底に余らせたグログランテープの余分を、この写真（左が底側、右が口元側）のように折り返して貼り合わせます

本体の仕上げ

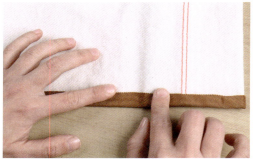

18 本体を裏返し、側面から出たグログランテープをへり返して貼り合わせ、圧着します

CHECK

本体の側面にグログランテープを巻いた状態です

19 7mm幅でグログランテープを貼った面（**16**の面）を表にし、テープの端から2mm程の位置を口元から底にかけて縫います。口元は、強度を持たせるために3～4目程かがります

20 底側も口元と同様、強度を持たせるために3～4目程かがります

CHECK

反対側面も同様に縫います。グログランテープの裏側の方が幅広のため、ステッチが落ちることはありません

21 本体を返し、全体の形を整えればビッグトートは完成です

ベーシックフォルムのビッグトート

完 成

本体と底の型紙の縮尺を同じ比率で変更し、"ポケットと持ち手の大きさ"を変更した本体に合わせて適切に調整すれば、より小さいサイズのトートバッグを仕立てることもできます。

本体縦横の寸法に合わせてマチとなる底の幅も大きく設定しているため、大量の荷物をざっくりと収納できる容量を確保しています。革を重ねた持ち手も堅牢で、側面のポケットは、500mlのペットボトルを収めることができます

フォールディングサコッシュ

「サコッシュ」とは、ロードバイク(スポーツタイプの自転車)でツーリング等に出る際、地図やシリアルバー等の軽食を収納して携行する、小柄なショルダー付きのバッグです。ここでは、荷室が2つに分かれたカブセ式のサコッシュの作り方を解説します。

仕上がりサイズ(本体) W235/H210/D65(mm)

材料

この作品の制作には、バイオウォッシュ加工が施された生成りと青の「8号帆布」と、ソフトな風合いと独特なシボを持った「ヤク・ワックスヌバック革」を使用しています。

※帆布パーツ上の「↔」は、生地の縦地（縦糸の方向）を表しています

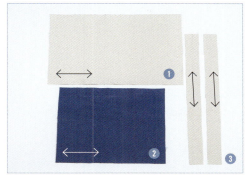

① 本体
② カブセ
③ ショルダー ×2

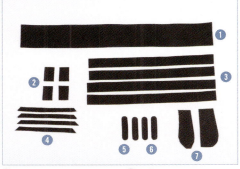

① ショルダー肩当革
② ファスナーA革 ×4
③ ファスナーB革 ×4
④ スライダーつまみ革 ×4
⑤ 根革 ×2
⑥ ショルダー金具革 ×2
⑦ ベロ革 ×2

① 両面カシメ中（直径9mm）×3
② バネホック大（直径13mm）×1
③ Dカン（12mm幅）×2

① ナスカン（12mm幅）×2
② コキカン（12mm幅）×2
③ 両面カシメ中（直径9mm）×2
④ 両面カシメ小（直径6mm）×4

ファスナー（5号）×2

グログランテープ
（24mm幅）

工具・資材

- ライター
- くい切り
- ペンチ
- 万能打ち台
- 金槌
- 合成ゴム系接着剤
- のりベラ

- コバ仕上剤
- 革包丁またはカッター
- ビニプライ
- 両面テープ（3mm幅）
- 両面テープ（7mm幅）
- 定規
- ペン

- ハトメ抜き（8・10・18号）
- ゴム板
- 木槌
- 丸錐
- 水溶性接着剤
- ハサミ
- 千枚通し

- 打ち棒（バネホック大用）
- 打ち棒（両面カシメ中用）
- 打ち棒（両面カシメ小用）
- モデラ

ファスナーの下準備

使用寸法（25cm）に切り出したファスナーのムシ（務歯）を外し、スライダーと上止め、下止めを取り付けて本体に合わせる下準備をします。

切り出したファスナーの端をライターの火で炙り、軽く溶かしてほつれ止めをします（※ファスナーリボンが布製の場合は、水溶性接着剤を塗って固めます）

01

02 ファスナーの上下に付いたムシを各10個ずつ、くい切りで取り外します

03 01と同じ要領で、ムシを外した箇所のほつれ止めをします

CHECK

ムシを10個外した、ファスナー下側の状態。ムシの突起が出ている方が、ファスナーの上となります

04 ファスナーを開いて分割し、片方の下側のムシにスライダーを合わせ、もう片方のファスナーを写真のように合わせます

05 一番下のムシが噛み合う位置でスライダーを引き上げ、ファスナーのムシを全て噛み合わせます

06 もう1つのスライダーを、写真のように向かい合う形で先に通したスライダーに合わせます

フォールディングサコッシュ

07 06で合わせたスライダーを引き下げ、2つのスライダーをファスナーの中央辺りに留めておきます

08 ファスナーの上側と下側とも、一番外側のムシに沿わせて下止めを合わせ、ペンチで挟んで仮留めします

09 仮留めした下止めを金槌で叩き、完全に固定します

CHECK
ファスナーの下側に下止めを固定した状態。下止めは写真のように、ムシと平行に固定します

10 ファスナーの表側、上下に付けた下止めより外側のファスナーリボンと、ファスナーA革の床面全面に合成ゴム系接着剤を塗ります

11 10の接着面同士を貼り合わせます。下止めにファスナーA革の側面を合わせ、革の幅にファスナーリボンを完全に収めた状態で貼り合わせます

CHECK
それぞれのファスナーの両端に、この写真のようにファスナーA革を貼り合わせます

ファスナーの下準備

12 貼り合わせたファスナーA革の下止め側、端から1〜2mmの位置を側面から側面まで縫います

CHECK

ファスナーA革を縫った状態。側面へはかがらず、側面から1mm程の位置を縫い始めと縫い終わりにします

本体の制作

本体とカブセ、2枚の帆布パーツの両端をファスナーでつなぎ、中表で側面を縫い合わせる、内縫いで本体を仕立てます。

本体とカブセの接続

01 ファスナーB革の片側面（長辺）のコバを仕上げます。ここでは、同時に着色できるコバ仕上剤で仕上げています（※使用する革に合わせ、好みの方法で仕上げてください）

02 01でコバを仕上げた側面を7mm折り返し、その折り目を金槌で叩いてしっかりと折りグセを付けます

03 折りグセを付けたファスナーB革の床面、全面に合成ゴム系接着剤を塗ります

04 本体の両短辺、表裏とも端から7mmの範囲に合成ゴム系接着剤を塗ります

フォールディングサコッシュ

05 本体の表の短辺に、片端を揃えてファスナーB革の折り返した7mm幅の面を貼り合わせます。本体を裏返し、02で付けた折り目で革をへり返し、接着面を貼り合わせます

 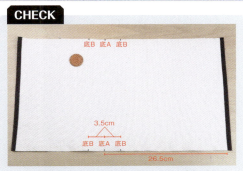

06 本体側面に出たファスナーB革の余分を裁ち落とします。反対側の短辺も、同様にしてファスナーB革を貼り合わせます

本体の両側面、写真上に表した数値の位置に「底A」「底B」の各印を付けます

07 01～06と同じ手順で、カブセの両短辺にもファスナーB革を貼り合わせます

本体とカブセとも、ファスナーB革を7mm貼り合わせた面が表となります

08 本体を裏返し、ファスナーB革の本体側の端に沿って3mmの両面テープを貼ります。両面テープの剥離紙を剥がし、ファスナーとファスナーB革の側面を揃え、ファスナーの表面を貼り合わせます

本体の制作

CHECK

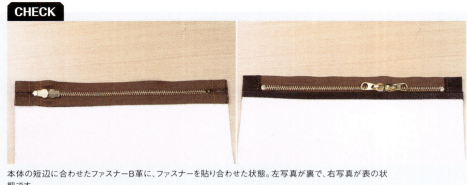

本体の短辺に合わせたファスナーB革に、ファスナーを貼り合わせた状態。左写真が裏で、右写真が表の状態です

09 カブセ短辺のファスナーB革にも同様に両面テープを貼り、08で合わせたファスナーを貼り合わせます

CHECK

本体とカブセ、それぞれのファスナーB革にファスナーを合わせ、本体とカブセをこの写真のように接続します

10 表側より、ファスナーB革の両側面、端から1〜2mmの位置を縫います

CHECK

10のステッチを終えた状態。側面から1mm程の位置を縫い始めと縫い終わりにします

11 カブセの残りの短辺に、08と同じ手順でファスナーを貼り合わせます

フォールディングサコッシュ

12 11で貼り合わせたファスナーを、10と同じ要領で縫い合わせます

CHECK

12のステッチを終えた状態。仮止めでは外れることがあるため、本体の残りの短辺と合わせる前に縫っています

13 12でカブセに縫い合わせたファスナーを、本体の残りの短辺に貼り合わせます。この時は、本体とカブセを中表で合わせ、全体が筒状になります

14 貼り合わせた箇所が外れないように表に返し、13で合わせたファスナーとファスナーB革を縫い合わせます

CHECK

ここまでの状態です。2つのファスナーで本体とカブセの短辺をつなぐことにより、筒状の本体が完成します

本体側面の縫い合わせ

15 本体両側面に付けた「底A」印をつなぐ折りグセを付けます

16 15で付ける折りグセが本体の底となります。本体を写真のように広げ、本体の底にしっかりとした折りグセを付けます

17 本体底の中心(両端から12.75cm位置)から2.5cmの位置に、ベロ革の取り付け位置を表す印を付けます

本体の制作

18 17で付けた印位置に、8号のハトメ抜きで穴をあけます。この穴は、本体の生地1枚にのみあけます

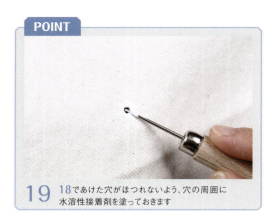

POINT

19 18であけた穴がほつれないよう、穴の周囲に水溶性接着剤を塗っておきます

20 本体を返して中表にし、16で付けた折りグセ位置を基準に本体を広げ、カブセの端に折りグセを付けます

21 中表の状態のまま、本体表の両側面に付けた「底B」印から「底A」印を通り、20で付けたカブセの折りグセまで、端を揃えて3mmの両面テープを貼ります

21で貼った両面テープの剥離紙を底側のみ剥がし、「底A」印と2つの「底B」印を写真のように合わせた状態で側面を貼り合わせます

22

23 22で本体の底を貼り合わせたら、残りの側面をカブセの端まで貼り合わせます

CHECK

22〜23の工程により、本体の両側面を中表で貼り合わせた状態です

フォールディングサコッシュ

24 二又に分かれた底側面の片側に3mmの両面テープを貼り、剥離紙を剥がして貼り合わせます

CHECK 二又に分かれた底の両側面を貼り合わせ、この写真の状態にします

25 20で折りグセを付けたカブセの両端より、3cmの位置に印を付けます

26 カブセのファスナー際、側面から7mmの写真の位置に印を付けます

27 25と26で付けた印を定規でつなぎ、カブセの端へ向かう斜めの線を引きます

28 カブセの反対側面にも同様に線を引き、この写真の状態にします

29 本体の両側面、端から7mmの範囲に合成ゴム系接着剤を塗ります

本体の制作

30 グログランテープを本体側面の長さ＋5cm程に切り出し、片端から2cmの範囲全面と、片側面の端から7mm程の範囲に合成ゴム系接着剤を塗ります

31 カブセの端に1.5cm程余分を取り、29で接着剤を塗った7mmの接着面にグログランテープを貼り合わせます

32 本体の底側で1.5cm程の余分を残し、グログランテープをカットします

33 カブセの端と本体の底側に残したグログランテープの余分を、写真のように折り返して貼り合わせます

34 本体を返し、グログランテープをへり返して折りグセを付けます

35 グログランテープを7mm幅で貼った面を表にし、34で付けた折りグセに従ってテープの反対側をへり返した状態のまま、テープの内側面の端から2mm程の位置を縫います

36 30〜35で両側面にグログランテープを縫い合わせたら、27で引いた斜めの線上を縫います

フォールディングサコッシュ

本体の両側面にグログランテープを巻いて縫い合わせ、カブセの両側面に斜めのステッチを入れた状態です

37 本体の片方のファスナーを開き、表裏を返します

37で表裏を返した本体の状態です。左写真が表、右写真が裏です

38 本体裏、ファスナーB革の側面から3cmの位置に、両側面から2cm間隔を空けて3mmの両面テープを貼ります。この両面テープは、本体の内部を分割するステッチのガイドです

39 38で貼った両面テープのファスナー側の際を、端から端まで縫います。縫い始めと縫い終わりは返し縫いし、縫い終えた後は両面テープを剥がします

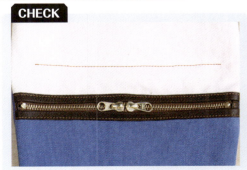

39のステッチは、それ以前に1室であった収納部を2室に分けるステッチとなります

根革の取り付け

40 根革にDカンを通します

本体の制作

41 根革の側面を揃え、端から6〜7mm程の位置の中心に10号のハトメ抜きで穴をあけます

42 本体表のカブセ側面にファスナーB革に沿わせて根革を挟み、表裏で根革の穴位置を揃え、千枚通しで穴をあけます

43 カブセに穴をあけた後、裏側の本体まで確実に穴をあけます

44 根革を穴に揃えたまま、両面カシメ中をセットします

45 44でセットした両面カシメ中を、打ち棒で打って固定します

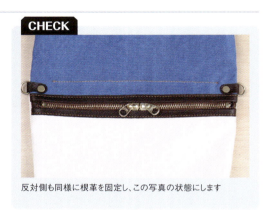

CHECK
反対側も同様に根革を固定し、この写真の状態にします

ベロの取り付け

46 型紙通りに切り出したベロ革と、粗裁ちしたベロ革の床面全面に合成ゴム系接着剤を塗り、双方を貼り合わせます

フォールディングサコッシュ

47 型紙通りに切り出したベロ革に従い、粗裁ちしたベロ革の余分を裁ち落とします

48 ベロ革の付け根側、直角の両角を軽く落とします

49 貼り合わせたベロ革のコバを仕上げます

50 貼り合わせたベロ革の全側面、端から1〜2mmを一周縫います

51 50で全側面を縫ったベロ革の状態です

52 ベロ革の剣先から2cmの位置に印を付け、18号のハトメ抜きで穴をあけます

53 ベロ革の付け根側（剣先の反対側）、端から1cmの位置に10号のハトメ抜きで穴をあけます

54 52であけた穴に、バネホックのメスを固定します

本体の制作

55 18であけた穴にベロ革付け根の穴を揃え、両面カシメ中をセットして固定します

56 本体にカブセを重ね、ベロ革の剣先部をカブセに合わせて、バネホックメスの中心位置を割り出します

57 56で割り出した位置に印を付けます

58 57で付けた印位置に千枚通しで穴をあけます

59 58であけた穴に、バネホックのオスを固定します

CHECK カブセの裏にバネホックのオスを固定した状態です

スライダーつまみ革の取り付け

60 各ファスナーのスライダーに、スライダーつまみ革を通します

61 つまみ革の片端を反対側のスリットに通し、もう一方の片端を先に通した片端のスリットに通します

62 つまみ革それぞれの端を引き、形を整えます

ファスナーの各スライダーに、この写真のようにファスナーつまみ革を取り付けます

ショルダーの制作

肩にかける「ショルダー肩当革」を先に作り、その両端にコキカンで長さ調整が可能なナスカン付きショルダーを接続します。

01 ショルダー肩当革の床面全面に、合成ゴム系接着剤を塗ります

02 接着剤を乾かした後、ショルダー肩当革のギン面、長辺の端から2.5cmの位置にけがき線を引きます

03 けがき線に従い、ショルダー肩当革を裁断します。この時、完全には切り離さず、薄皮1枚を残して裁断します

ショルダーの制作

04 裁断した箇所を裏合わせで折り、接着面を貼り合わせます。この方法で革を貼り合わせると、裁断した片端をまっすぐに揃えて貼り合わせることができます

05 まっすぐに揃えて貼り合わせた側面より、2.2cmの位置にけがき線を引きます

06 けがき線に従い、ショルダー肩当革の反対側面を裁断します

07 ショルダー革肩当の両端を丸く整えて裁断します（※両端の形状は、好みで変更して構いません）

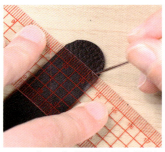

08 ショルダー肩当革の両端、側面から2mmの位置に印を付けます

09 08で付けた各印をつなぎ、ショルダー肩当革の両側面を縫います。この時、縫い始めと縫い終わりを1～2目返し縫いします

10 ショルダーの幅の中心、側面から2.25cmの位置に線を引きます

11 中心線を引いた面、全面に合成ゴム系接着剤を塗り、各側面の端を線から1mm程離れた位置に合わせてへり返し、貼り合わせます

フォールディングサコッシュ

12 11で貼り合わせた接着面を、圧着します

13 各側面をへり返して貼り合わせた面、全面に合成ゴム系接着剤を塗り、10で引いた中心線でショルダーを折り、端を揃えて接着面を貼り合わせます

14 13で接着した面を圧着します

15 貼り合わせた側面から2〜3mmの位置を、端から端まで縫います

16 ショルダー金具革を半分に折り合わせ、端から6mmと14mmの位置に8号のハトメ抜きで穴をあけます

17 穴をあけたショルダー金具革でコキカン中心の線を挟み、さらに15で側面を縫ったショルダーの端を挟み、穴位置を写します。もう1本のショルダーも同様に穴位置を写します

18 17で写した2つの穴位置に8号のハトメ抜きで穴をあけ、穴の周囲にほつれ止めのために水溶性接着剤を塗ります。接着剤が乾いた後、ショルダー金具革を両面カシメ小で固定します

19 片方のショルダーにコキカンを固定したら、残りはステッチを左右対称にしてコキカンを固定します

ショルダーの制作

20 各ショルダーの金具を付けていない端より、ナスカンを通します

21 ショルダーの端をコキカンの片側に通し、その先をコキカンの反対側に通します

22 21の右写真の状態からショルダーの端を引き、この写真の状態にします

CHECK

片方のショルダーにナスカンを取り回したら、残りはステッチを左右対称にしてナスカンを取り回します

23 ショルダー肩当革両端の接着面を、モデラや小さなスプーン等で側面のステッチ2〜3目分程度開きます

24 両端のステッチの外側の中心に、10号のハトメ抜きで穴をあけます

25 各ショルダーのコキカンを付けていない端に、端から8mm程の位置に10号のハトメ抜きで穴をあけます

26 23で開いたショルダー肩当革の端に25で穴をあけたショルダーの端を収め、双方の穴位置を揃えます

フォールディングサコッシュ

27 26で揃えた穴に両面カシメ中を固定します

CHECK

ショルダー肩当革の残りの端にも、側面のステッチが同じラインで揃うようにショルダーを固定します

完 成　完成した「フォールディングサコッシュ」は自転車乗車時に使用する本来の用途の他、ちょっとした身の周りの物を持ち歩く際、手軽に肩にかけて使用できる、ポーチやポシェットとして活用できます。

本体の底を舟底（マチを一体化した底）にデザインしてあるため、全体のサイズはコンパクトながらも充分な収納力があります。また、カブセにも収納部を設けてあるため、複数の物を分けて収納できる利便性があります

2トーンポーチ

2色の革と帆布を材料に、各パーツごとに色を切り替えて制作するショルダーポーチ。本体の前胴にファスナー付きのポケット、背胴にハンドル、そして内装にポケットとペンホルダーを設けた、使い勝手の良い本格的なポーチの作り方を解説します。

仕上がりサイズ（本体）　W300／H160／D100（mm）

2トーンポーチ

材料

この作品の制作には、外装にバイオウォッシュ加工の「8号帆布」と、イタリアのタンニン鞣し革「エルバマット」2色、内装に薄手の「11号帆布」を使用しています。

※帆布パーツ上の「↔」は、生地の縦地（縦糸）の方向を表しています

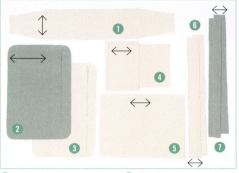

1. 内装底マチ
2. 前胴／背胴（各1枚）
3. 内装胴 ×2
4. 内装ポケット
5. ポケット
6. 内装天マチ
7. 外装天マチ

1. 底マチ革 ×2
2. ハンドル革 ×2
3. ポケット革
4. ペンホルダーA革
5. ペンホルダーB革
6. スライダーつまみ革A／B
7. 根革 ×2
8. 本体口元ファスナー（5号）
9. ポケットファスナー（3号）

1. ショルダー ×2
2. ショルダー金具革 ×2
3. ショルダー肩当革 ×2

1. 両面カシメ中（直径9mm）×5
2. 両面カシメ小（直径6mm）×1
3. Dカン（15mm幅）×2

1. ナスカン（12mm幅）×2
2. 両面カシメ中（直径9mm）×2
3. コキカン（12mm幅）×2
4. 両面カシメ小（直径6mm）×4

工具・資材

- 定規
- ペン
- 合成ゴム系接着剤
- のりベラ
- 金槌
- コバ仕上剤
- スリッカー
- 丸錐
- 革包丁またはカッター
- ビニプライ
- ディバイダー
- 両面テープ（3mm幅）
- 両面テープ（7mm幅）
- ハサミ
- ハトメ抜き（8・10号）
- ゴム板
- 木槌
- 千枚通し
- 打ち棒（両面カシメ中用）
- 打ち棒（両面カシメ小用）
- 万能打ち台
- 水溶性接着剤
- モデラ

通しマチの制作

内装と外装の天マチを同時進行で仕立て、それぞれに底マチを合わせて、内装と外装の通しマチを制作します。

天マチの内装と外装とも、両長辺の両側面に中心位置を記し、片側面（長辺）から2cmの位置に線を引きます

01

02 線を引いた2cm幅に合成ゴム系接着剤を塗ります

03 側面の端を線に合わせてへり返し、貼り合わせます

04 貼り合わせた箇所を圧着します

CHECK

内装と外装の天マチとも、片側面の端から2cmをへり返して貼り合わせます

05 外装天マチの03でへり返した面へ、折り返し部の端を1mm空けて合成ゴム系接着剤を塗ります

06 「本体口元ファスナー」の表、両側面のファスナーリボンの端から5mm程の範囲に合成ゴム系接着剤を塗ります

2トーンポーチ

07 ファスナーのムシの脇、リボンの織りが変わっているラインに外装天マチの折り返し部端を揃え、貼り合わせます

CHECK ファスナーの反対側面にも、外装天マチを同様に貼り合わせます

08 外装天マチの折り返し部端より1〜2mmの位置を、端から端まで縫います

CHECK 外装天マチにファスナーを縫い合わせた状態。双方を貼り合わせる際、必ずスライダーの動く余地を残します

底マチ革の制作

09 底マチ革床面の短辺、端から2cmの位置に線を引き、線の外側に合成ゴム系接着剤を塗ります

10 側面の端を線に合わせてへり返し、貼り合わせます

CHECK 残りの底マチ革も同様に短辺をへり返し、それぞれをこの写真の状態にします

通しマチの制作

11 底マチ革の長辺を重ねて中心にするため、上に重ねたい方の底マチ革のコバを仕上げます

12 下にする底マチ革（11でコバを仕上げていない方）ギン面の長辺、端から1cmの位置にけがき線を引きます

13 12で引いたけがき線の外側を荒らし（ギンを取り）、合成ゴム系接着剤を塗ります

14 11でコバを仕上げた底マチ革の床面、長辺の端から1cmの範囲に合成ゴム系接着剤を塗ります

15 12で引いたけがき線に11で磨いたコバの辺を揃え、接着剤を塗った各底マチ革の接着面を貼り合わせます

16 上に重ねた底マチ革、磨いたコバの辺の端から2mmの位置と7mmの位置にけがき線を引きます

2トーンポーチ

17 1枚にした底マチ革のギン面の両側面、端から4～5mmの範囲を荒らします

18 型紙の根革取付位置を写し、10号のハトメ抜きで計4つの穴をあけます

19 16で引いたけがき線上を縫います。このステッチは写真のように、片側面で折り返して1度に縫うことができます

CHECK

2枚の底マチ革の長辺を重ねて縫い合わせ、写真のような1枚の底マチ革にします

底マチと天マチの接続

20 1枚につなげた底マチ革の裏、10でへり返した両短辺のギン面を荒らします

21 20で荒らした接着面に、合成ゴム系接着剤を塗ります

22 08で仕立てた外装天マチの表の両短辺、端から1cmの範囲に合成ゴム系接着剤を塗ります

通しマチの制作

23 底マチ革と外装天マチの各片端の接着面を重ね、1cm幅を貼り合わせます

24 底マチ革と外装天マチ、それぞれの反対端も同様に貼り合わせます（※貼り合わせた全体像は、次頁参照）

25 内装底マチの両短辺、端から2cmの位置に線を引きます

26 25で引いた先の外側に合成ゴム系接着剤を塗り、側面の端を線に合わせてへり返し、貼り合わせます

27 26でへり返した面の上に、合成ゴム系接着剤を塗ります

28 内装天マチの表、両端（短辺）から1cmの範囲に合成ゴム系接着剤を塗ります

29 27で接着剤を塗った内装底マチの接着面に、側面の端を揃えて内装天マチを貼り合わせます

30 外装と同様、それぞれの反対端も同様に貼り合わせます（※貼り合わせた全体像は、次頁参照）

2トーンポーチ

31 23〜24で貼り合わせた箇所を表に返し、底マチ革の端から1〜2mmの位置を端から端まで縫います

CHECK

ファスナーを合わせた外装天マチと、2枚合わせの底マチ革をつないで縫い、この写真のような外装通しマチを仕上げます

32 上の外装と同様、29〜30で貼り合わせた箇所を表に返し、内装底マチの端から1〜2mmの位置を端から端まで縫います（※右写真は、縫った箇所を裏から見た状態です）

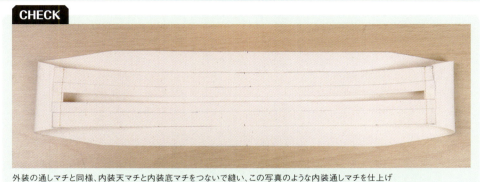

CHECK

外装の通しマチと同様、内装天マチと内装底マチをつないで縫い、この写真のような内装通しマチを仕上げます。この内装通しマチは、写真のように中表の状態に返しておきます

内装の制作

片側の内装胴にポケットとペンホルダーを設置し、先に制作した内装通しマチに各胴を縫い合わせ、中表の内装を制作します。

内装ポケットの制作

01 内装ポケットの折り返し線を引いた面を表にし、口元の線部を折り返して、しっかりした折りグセを付けます

02 口元を除く3辺の折り返し線の外側に合成ゴム系接着剤塗り、線の内側にも側面の貼り代分、接着剤を塗ります

03 口元の折り返し線の両脇、線から1cmの範囲に合成ゴム系接着剤を塗ります

04 両側面を折り返し線で折り返し、接着面を貼り合わせます

05 04で各側面を貼り合わせる際、口元の折り返し線の反対側(底側)の端を、右写真のように僅かに内側へ寄せて貼ります

CHECK

04〜05の工程で内装ポケットの両側面を折り返し、貼り合わせた状態です

06 05で内側に寄せて貼った両側面の端、底側の折り返し線と合わせて折り返す面に合成ゴム系接着剤を塗ります

2トーンポーチ

07 底側の辺を折り返し線で折り返し、貼り合わせた後に金槌で叩き、圧着します。05で端を内側に寄せて貼ったため、角が出ずにすっきりと収まります

08 04〜07で折り返した3辺と、口元の線で内装ポケットを折り返した際、その3辺に重ねる3辺の端から1cm程に合成ゴム系接着剤を塗ります

09 01で付けた折りグセに従って折り返し、3辺を折り返した辺の内側に収めて貼り合わせます

10 貼り合わせた箇所を圧着します

CHECK
完成した内装ポケットの表。折り返して貼り合わせた箇所や生地の端は、一切表には出ません

ペンホルダー革の制作

11 ペンホルダーA革のギン面、形を丸く整えていない短辺の端から5mm程を荒らし、荒らした箇所に合成ゴム系接着剤を塗ります

内装の制作

12 ペンホルダーB革の短辺、端の幅が狭い方の床面（写真参照）に合成ゴム系接着剤を塗ります

13 ペンホルダーA革の**11**で接着剤を塗った端を、写真のようにペンホルダーB革の接着剤を塗った端に挿し入れ、各端を揃えて接着面を貼り合わせます

CHECK

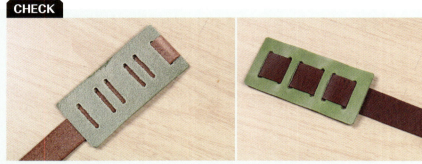

左写真は、**13**で各端を貼り合わせたペンホルダー革の裏側の状態です。接着面をしっかりと圧着した後、ペンホルダーA革をペンホルダーB革のスリットに通し、右写真の状態にします

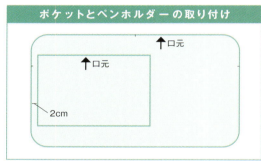

14 内装胴の天地を確認して表に置き、左側面から2cm空けた中央に口元を上にしてポケットを仮合わせし、その右側面に口元のラインと上側のラインを揃え、ペンホルダーを仮合わせします

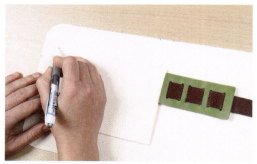

15 ポケットとペンホルダーの上側のラインを、内装胴の上側のラインと平行に揃え、ポケットの四角に印を付けます

16 ポケット裏の口元を除く3辺と、ペンホルダー裏のペンホルダーA革が出た辺を除く3辺に、3mmの両面テープを貼ります

17 ポケット裏に貼った両面テープの剥離紙を剥がし、15で付けた印に四角を揃えてポケットを貼り合わせます

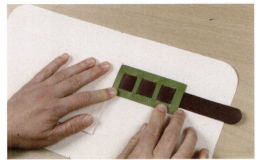

18 仮合わせ時と同様、ポケットを基準にペンホルダーを貼り合わせます。ペンホルダーA革は位置調整が利くため、内装胴の外側に出ていて構いません

19 ペンホルダーB革の右側面上、ペンホルダーA革と側面から1mm程の位置に、縫い始めと縫い終わり位置を表す印を丸錐で付けます

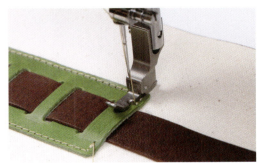

20 19で付けた各印間を縫います。ペンホルダーB革の右側面、縫い始めと縫い終わりは、2目程度返し縫いします

21 続けて、ポケットの口元を除く3辺の際をコの字に縫います。縫い始めと縫い終わりを口元とし、口元は2目かがって強度を持たせます。ポケットの端際を縫い終えたら、そのステッチの5mm内側も同様に縫います

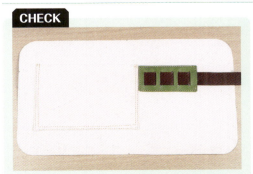

CHECK 内装胴にポケットとペンホルダーを取り付けた状態です

胴と通しマチを合わせる

22 ポケットとペンホルダーを取り付けた内装胴の全側面、端から5mm程の範囲に合成ゴム系接着剤を塗ります

内装の制作

23 中表にした内装通しマチ表面(内側)の片側面、端から5mm程の範囲に合成ゴム系接着剤を塗ります

24 内装胴の側面に付けた「合わせ位置」と底マチの端(へり返した端)を、中表で合わせます

25 24で合わせた位置から天マチの角にあたる曲線部を、双方の端を揃えて貼り合わせます。側面はまっすぐに貼り合わせ、曲線部は天マチを引き伸ばしながら貼り合わせます

26 続けて、内装胴と天マチの「口元中心位置」を合わせ(左写真)、25で貼り合わせた曲線部までの間を、余分を調整しつつ端を揃えて貼り合わせます。片側を貼り合わせたら、反対側も同様にして貼り合わせます

27 24で合わせた位置から、底の角にあたる曲線部手前までの側面をまっすぐに貼り合わせます

28 内装胴と底マチの「底中心位置」を合わせます

29 底と側面の直線部をまっすぐに貼り合わせ、角の曲線部は底マチを引き伸ばしながら貼り合わせます

CHECK 内装胴に内装通しマチを貼り合わせた状態です

30 通しマチ側を表にし、貼り合わせた端から7mmの位置を一周縫います

CHECK 貼り合わせた内装胴と内装通しマチを縫い合わせた状態。右写真は中表の内側の角を見た状態です

31 内装通しマチの反対側にも、22〜30と同じ手順で残りの内装胴を縫い合わせます

外装の制作

背胴にハンドル、前胴にポケット革を取り付け、内装と同様、先に制作した外装通しマチに各胴を縫い合わせて外装を制作します。

ハンドルの取り付け

01 2枚のハンドル革の床面、全面に合成ゴム系接着剤を塗ります

02 粗裁ちしたハンドル革に、仕上がり寸法で本裁ちしたハンドル革を収めて貼り合わせます

03 本裁ちしたハンドル革の側面に出た、粗裁ちしたハンドル革の余分を裁ち落とします。余分を裁ち落とした後、全ての角を軽く裁ち落とし、全側面のコバを仕上げます

04 両端(短辺)から2.5cmの位置に、側面から2〜3mmの間を空けて両端と並行なけがき線を引きます

05 ハンドルの全側面、端から2〜3mmの位置に一周、ディバイダーでけがき線を引きます

06 04で引いたけがき線の両端間を、05で引いたけがき線に従って縫います。縫い始めと縫い終わりは、1目返し縫いします

CHECK

ハンドルの両側面を縫い合わせた状態。残りのけがき線は、背胴にハンドルを縫い合わせる際の縫い線となります

2トーンポーチ

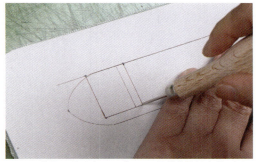

07 背胴に型紙を合わせて「ハンドル取付位置」を丸錐で突き、片側につき4ヵ所、左右合計全8ヵ所に印を写します

08 左右各4ヵ所の印の内側に、合成ゴム系接着剤を塗ります

09 ハンドル裏の両端、ステッチより外側のギン面を荒らします

10 09で荒らした面に合成ゴム系接着剤を塗ります

11 07で付けた印に合わせ、ハンドルの両端を貼り合わせます

12 04で引いたけがき線上を先に縫い、続けて05で引いたけがき線上をコの字に縫います

POINT

13 12で縫い始めに戻ったら、04で引いたけがき線上のステッチを辿って重ね縫いします

CHECK

反対側も同様に縫い合わせ、この写真の状態にします

外装の制作

ファスナーポケットの設置

14 前胴に型紙を合わせ、「ポケット取付位置」の剣先先端を丸錐で突いて印を写します

15 続けて、上下側面の「中心位置」の印も写します

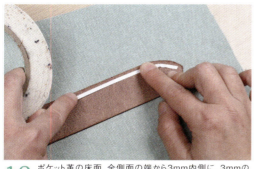

16 ポケット革の床面、全側面の端から3mm内側に、3mmの両面テープを貼ります

17 16で貼った両面テープの剥離紙を剥がし、14〜15で写した印に合わせてポケット革を貼り合わせます

18 ポケット革片端の剣先先端を縫い始めとし、反対側の剣先先端を経由して縫い始めまで、ポケット革の全側面端から1〜2mmの位置を一周縫います。縫い終わりは、縫い始めの先へ3目重ね縫いします

19 ポケット革の内側に引いたけがき線に従い、ファスナー口を裁ち落とします

CHECK
ポケット革と共に、その下の前胴も裁ちます。生地が切りづらい場合は、ハサミで裁断しても構いません

2トーンポーチ

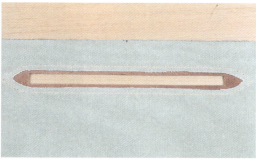

20 前胴を裏返し、19で裁ち落としたファスナー口の周囲の生地を、ステッチから5mmの余分を残して裁断し、右写真の状態にします

POINT

21 裁断した生地の切り口周辺に、ほつれ止めのために水溶性接着剤を塗ります

22 21で塗った接着剤を完全に乾かした後、ステッチ内側の生地と革に合成ゴム系接着剤を塗ります

23 「ポケットファスナー」の表、両側面のファスナーリボンの端から4mm程の範囲と、上下止めの外側に合成ゴム系接着剤を塗ります

24 23で接着剤を塗ったファスナーへ、その開口部にファスナー口（切り口）を揃えて前胴を重ねます

25 ファスナー口の中心へファスナーの開口部が均等に収まるように調整しつつ、双方の接着面をしっかり貼り合わせます

26 前胴を裏返し、ファスナー両端のリボンをこの写真のように内へ寄せて貼り合わせます

外装の制作

27 前胴の裏に貼り合わせたファスナーの底側、リボンの端から5mmの範囲に合成ゴム系接着剤を塗ります

28 ポケットの短辺、端から5mmの範囲に合成ゴム系接着剤を塗ります

29 ポケットの反対側の短辺を前胴裏の口元側にし、端を揃えて27〜28の接着面を貼り合わせます

30 前胴を表にし、ポケット革のファスナー口の下、端から1〜2mmの位置を端から端まで縫います。縫い始めと縫い終わりは、ファスナー口の側面より1目分はみ出して返し縫いします

CHECK

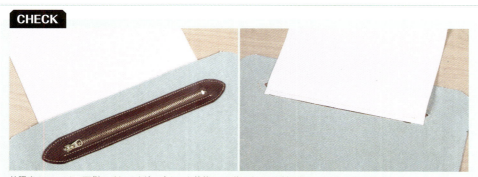

前胴裏のファスナー下側にポケットを縫い合わせた状態。この後、ポケットを折り返してその側面を縫い、袋状のポケットを仕立てます

31 前胴の裏を表にし、30のステッチでポケットを底側に折り返し、ステッチ際に折りグセを付けます

32 折り返したポケットを元に戻し、ステッチの下側にポケットの幅分、7mmの両面テープを貼ります

2トーンポーチ

33 32で貼った両面テープの剥離紙を剥がし、ポケットを折り返してファスナー下部を貼り合わせます

34 ポケットを折り返し、縫い合わせていない反対側の短辺をファスナーリボン上側の端に揃えます。そのまま生地を伸ばし、ポケットの底に折りグセを付けます

35 ポケットを広げ、ファスナーリボン上側の端とポケットの底までの両短辺に3mmの両面テープを貼ります

36 両面テープの剥離紙を全て剥がし、34と同様に折り返してポケットの底を除く3辺を貼り合わせます

37 30のステッチの両端をつなぎ、ファスナー口の周囲、縫っていない3辺をコの字に縫います。この時、縫い始めと縫い終わりは1目重ね縫いします

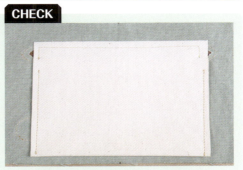

38 ポケットを表にし、その両側面を口元側のミシンがかけられる所から底の手前まで縫います

CHECK

両側面とも端から5mm程の位置を縫い、ポケットを袋状にします

外装の制作

胴と通しマチを合わせる

39 外装通しマチを中表に返し、その片側の全側面、端から5mmの範囲に合成ゴム系接着剤を塗ります

40 背胴の表、全側面の端から5mmの範囲に合成ゴム系接着剤を塗ります

41 内装の時と同様、側面の「合わせ位置」を先に貼り合わせ、角の曲線部でマチを引き伸ばしつつ、天マチの側面までの範囲を貼り合わせます

42 背胴と天マチの「口元中心位置」を合わせ、両角の間で余分を調整しつつ背胴と天マチを貼り合わせます

43 背胴の「底中心位置」と、底マチの革を重ねた箇所の中心を合わせます

44 残りの側面を角の曲線部手前までまっすぐに貼り合わせ、曲線部は底マチを立ち上げて貼り合わせます。最後に、底の中心へ向かう残りの側面を、余分を調整しつつ貼り合わせます

45 マチを上にし、貼り合わせた側面の端から7mmの位置を一周縫います

46 底マチ革を上手く取り回し、角の曲線部はゆっくりと、一針一針丁寧に縫います

CHECK

貼り合わせた背胴と外装通しマチを縫い合わせた状態。右写真は中表の内側の角を見た状態です

47 前胴表の全側面と、背胴を縫い合わせた通しマチ表の全側面、それぞれ端から5mmの範囲に合成ゴム系接着剤を塗ります

48 41〜44と同じ要領で、前胴と通しマチの全側面を貼り合わせます

49 背胴を縫った時と同様、マチを上にして貼り合わせた側面の端から7mmの位置を一周縫います

外装の制作

POINT

50 天マチの周辺は、ファスナーを開くと縫いやすくなります

CHECK

前胴と背胴、外装通しマチを縫い合わせた状態です

本体の仕上げ

内装と外装、双方ともに中表の状態で底を縫い合わせた後、外装を返して内装を中に収め、天マチのファスナー際を縫って仕上げます。

内装と外装を合わせる

01 内装の天マチ、p.100の03でへり返した面に合成ゴム系接着剤を塗ります

02 外装の天マチ、ファスナーリボン両側面のステッチ外側に、合成ゴム系接着剤を塗ります

03 内装の底マチ、両側面のステッチ外側に7mmの両面テープを貼ります

04 ポケット付きの内装胴側に貼った両面テープの剥離紙を剥がし、外装背胴側の底マチに「底中心位置」を揃えて貼り合わせます

2トーンポーチ

05 両端を揃え、各底マチの側面を揃えて貼り合わせます

06 反対側の底マチも、底中心位置を揃えて貼り合わせます

07 外装を返す際に貼り合わせた底マチが外れないよう、内装側からステッチの外側を、底マチの端から端まで縫います

08 底マチの両側面を縫い合わせたら、外装の口元を返します

09 口元に続き、底をめくり上げるようにして外装を返します

10 外装を完全に返したら、その中に内装を収めて整えます

11 外装の各側面も、角を出すようにして形を整えます

本体の仕上げ

12 外装の口元を返し、前胴と背胴の両側面に端から端まで、7mmの両面テープを貼ります

13 12で貼った両面テープの剥離紙を剥がし、内装と外装、それぞれの胴の「口元中心位置」を揃えて貼り合わせます

14 13で貼り合わせた口元中心位置と両端の角までの間を、端を揃えて貼り合わせます

15 貼り合わせた側面が外れないよう、外装側から各胴のステッチの外側を、端から端まで縫います

16 01～02で接着剤を塗った接着面を合わせ、内装の天マチと外装のファスナーを貼り合わせます。この時はファスナーのステッチを隠すよう、内装の天マチの端をファスナーのステッチに重ねます

17 外装側より、外装の天マチとファスナーを縫い合わせたステッチの3mm外側を縫います。底マチ革の端を縫い始め、先のステッチと平行に反対側の底マチ革の端まで縫います

2トーンポーチ

18 本体を大きく広げ、縫いやすいように上手く取り回しながら確実に縫います

外装と内装、それぞれの天マチを縫い合わせた状態です。左写真は縫い始めと縫い終わりで、それぞれ1目重ねます。右写真のように、ファスナーのステッチと平行にステッチを入れます

根革の取り付け

19 中心にDカンの幅程度の余地を残し、根革の床面に合成ゴム系接着剤を塗ります

20 根革へDカンを通し、各端を揃えて接着面を貼り合わせます

21 貼り合わせた根革の角を軽く落とし、コバを仕上げます

22 型紙上の印位置に、10号のハトメ抜きで穴をあけます

本体の仕上げ

23 各底マチ革の側面、p.103の18であけた穴に千枚通しを刺し、内装の生地を底マチ革に合わせて密着させ、内装にも穴をあけます

24 23であけた穴に根革を合わせ、両面カシメ中を打って固定します

25 最後に、各ファスナーのスライダーにスライダーつまみ革Aと同Bを合わせ、両面カシメ小と中を打って固定します

ショルダーの制作

本作品のショルダーの設計は、前項の「フォールディングサコッシュ」と共通です。金具等の取り回しは、前項の工程を参照してください。

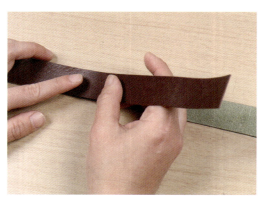

01 ショルダー肩当革の床面全面に合成ゴム系接着剤を塗り、端を揃えて貼り合わせます

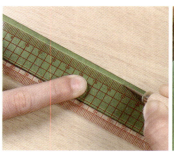

02 2cm幅のベルト状に裁断線を引き、貼り合わせたショルダー肩当革を本裁ち(化粧断ち)します

03 両端を丸く整えて裁断します(※両端の形状は、好みで変更して構いません)

2トーンポーチ

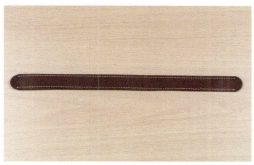

04 p.94の08〜09と同じ手順で、ショルダー肩当革の両側面を縫います

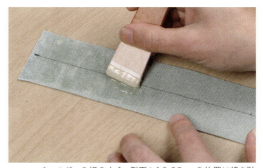

05 ショルダーの幅の中心、側面から2.25cmの位置に線を引き、全面に合成ゴム系接着剤を塗ります

06 各側面の端を線から1mm離れた位置に合わせてへり返し、貼り合わせます

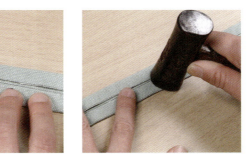

07 06で貼り合わせた接着面を、圧着します

08 各側面をへり返して貼り合わせた面、全面に合成ゴム系接着剤を塗り、05で引いた中心線でショルダーを折り、接着面を貼り合わせます

09 貼り合わせた側面から2〜3mmの位置を、端から端まで縫います

CHECK

2本のショルダーとも、同じ手順で制作します

10 ショルダー金具革でコキカン中心の線を挟み、先に制作したショルダーの端へ合わせて穴位置を写します

ショルダーの制作

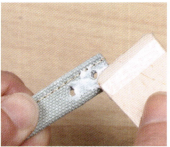

11 10で写した2つの穴位置に8号のハトメ抜きで穴をあけ、穴の周囲にほつれ止めのために水溶性接着剤を塗ります

12 接着剤が乾いた後、ショルダー金具革をショルダーの端に合わせ、両面カシメ小をセットします

13 セットした両面カシメ小を、打ち棒で打って固定します

14 p.96の20〜22と同じ手順で、ショルダーにナスカンを取り回します。残りはステッチを左右対称にしてナスカンを取り回します

15 ショルダー肩当革両端の接着面を、モデラや小さなスプーン等で側面のステッチ2〜3目分程度開きます

16 両端のステッチの外側の中心に、10号のハトメ抜きで穴をあけます

17 各ショルダーのコキカンを付けていない端に、端から8mm程の位置に10号のハトメ抜きで穴をあけます

18 15で開いたショルダー肩当革の端に17で穴をあけたショルダーの端を収め、双方の穴位置を揃えます

2トーンポーチ

19 18で揃えた穴に両面カシメ中を固定します

CHECK

ショルダー肩当革の残りの端にも、側面のステッチが同じラインで揃うようにショルダーを固定します

完 成　完成した「2トーンポーチ」です。材料にする帆布の色と、組み合わせる革の色を変えることで、作品の雰囲気は大きく変化します。完成後のイメージを想定し、好みの色の材料を組み合わせて作品を制作してみてください。

側面が底に向けて広がるデザインのマチを採用しているため、肩掛けで身に付けた際、身体のラインにしっくりと寄り添います。本格的なバッグと同様、ポケットとペンホルダーを設けた内装を備え、飽きることなく永く愛用することができるでしょう

ロールトップリュック

クルクルと丸めた開口部を1本のストラップで留める、ロールトップタイプのリュックサック。シンプルなデザインと収納物に合わせて容量を調整できる利便性が魅力です。本作品は前胴に大きく開くファスナー口を設け、さらに使い勝手を向上しています。

仕上がりサイズ（本体）　W335／H400〜520／D140（mm）

材料

この作品の制作には、バイオウォッシュ加工が施されたオレンジ色の「8号帆布」と、ソフトな風合いと独特なシボを持った「ヤク・ワックスヌバック革」を使用しています。

※帆布パーツ上の「↔」は、生地の縦地（縦糸の方向）を表しています

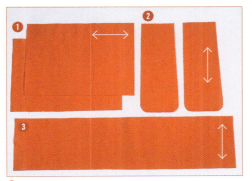

❶ 前胴／背胴（各1枚）
❷ マチ ×2
❸ ロールトップ

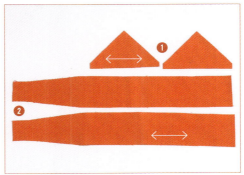

❶ ショルダーA ×2
❷ ショルダーB ×2

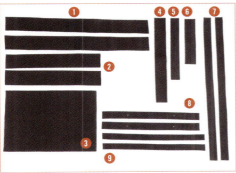

❶ ショルダーA革 ×2
❷ ストラップA革 ×2
❸ 底革
❹ 帯革
❺ 持ち手革
❻ ストラップB革
❼ ショルダーB革 ×2
❽ ロールトップA革 ×2
❾ ファスナーA革 ×2

❶ 力革 ×2
❷ ファスナーB革
❸ ロールトップB革 ×4
❹ 根革
❺ スライダーつまみ革 ×2
❻ ストラップC革
❼ ストラップD革

革パーツの下準備

この作品では、たくさんの革パーツを使用します。仕立てた後からではコバ仕上げができない、以下を除く各パーツのコバを先に仕上げておきます。「底革の両短辺」「力革」「ショルダーA革」「ストラップA革」「ファスナーA革」。

材料とする革の種類や好みに合わせ、コバ仕上剤やコバ染料等を使って各パーツのコバを仕上げます。「ストラップD革」のスリットも、右写真のように丸錐等を使用して仕上げておきます

材料

① グログランテープ（24mm幅）
② ファスナー（5号）

① ジャンパーホック大（直径15mm）×2
② 両面カシメ中（直径9mm）×6
③ 両面カシメ小（直径6mm）×2
④ Dカン（1.2mm幅）

① サイドリリースバックル（38mm幅）
② プラスチックコキカン（2.5mm幅）

工具・資材

- コバ仕上剤
- 定規
- 銀ペン
- 合成ゴム系接着剤
- のりベラ
- 革包丁またはカッター
- ビニプライ
- 金槌
- ペン
- 伸止めテープ（19mm幅）
- 両面テープ（3mm幅）
- 両面テープ（7mm幅）
- ハサミ
- 千枚通し
- ハトメ抜き（8・10・12号）
- 打ち棒（ジャンパーホック大用）
- 打ち棒（両面カシメ中用）
- 打ち棒（両面カシメ小用）
- 万能打ち台
- 木槌
- ゴム板
- 水溶性接着剤

革パーツの制作

「持ち手」「ストラップA」「ショルダーA」等、本体を仕立てる際に使用する革パーツを先に制作します。

持ち手の制作

持ち手革の床面を表にし、両端から3cmの両側面に銀ペンで印を付けます

01

ロールトップリュック

02 01で付けた印を目安に、両端の3cm幅を除く床面全面に合成ゴム系接着剤を塗ります

03 01で付けた各側面の印を揃えて貼り合わせ、貼り合わせたコバを含め、全てのコバをコバ仕上剤で仕上げます

04 03で貼り合わせた側面の端から2mm程の位置を、印から印まで縫い合わせます

05 04のステッチは、その縫い始めと縫い終わりで返し縫いをします

ショルダーAとストラップAの制作

06 ショルダーA革2枚とストラップA革2枚、全ての床面全面に合成ゴム系接着剤を塗ります

07 ショルダーA革とストラップA革、それぞれの側面を揃えて貼り合わせます

08 ストラップA革の片側面に、その幅を3.8cmにするけがき線を引きます

革パーツの制作

09 08で引いたけがき線に従い、ストラップA革の側面を裁断します

10 ショルダーA革は、2.5cm幅のベルト状の革を2本取るけがき線を引きます

11 10で引いたけがき線に従い、ショルダーA革を裁断します

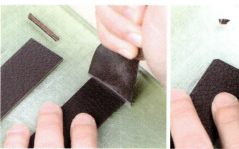

12 ショルダーA革とストラップA革とも、その片端をまっすぐに裁って整え、角を軽く落とします

13 ストラップA革とショルダーA革とも、全てのコバを仕上げます

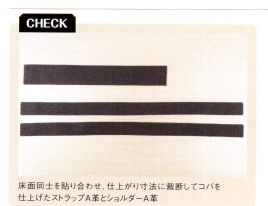

CHECK

床面同士を貼り合わせ、仕上がり寸法に裁断してコバを仕上げたストラップA革とショルダーA革

14 ストラップA革とショルダーA革とも、角を落とした端から1.5cm、側面から2mmの位置に印を付けます

ロールトップリュック

15 14で付けた印を縫い始めと縫い終わりにし、反対側の端まで側面を縫います

CHECK

ショルダーA革（写真左）とストラップA革（写真右）の両側面を、反対側の端まで縫い終えた状態です。印を付けた側のみ、1目返し縫いします

16 ストラップA革の裏、角を落とした端のギン面を左写真のように荒らします。荒らした面に合成ゴム系接着剤を塗り、折り返して貼り合わせた後、金槌で叩いて圧着します

17 折り返した端より、1mm程の位置を写真のように縫います。ステッチの両端は2目返し縫いします

18 バックルのオスに、ストラップA革の折り返していない端を通して取り回します

CHECK

バックルを取り付けた「ストラップA」の表の状態です。バックルを取り付ける際は、表裏を確認して取り付けます

ショルダーの制作

本体を仕立てる際に取り付ける、肩に背負う部分となる「ショルダーB」と、長さを調整する部分となる「ショルダーA」を制作します。

ショルダーBの制作

ショルダーBを縦に二分割する中心線を引きます
01

02 中心線を引いた面、全面に合成ゴム系接着剤を塗ります

03 両側面の直線部のみを先に、端を線に合わせてへり返し、貼り合わせます

04 両側面の直線部を貼り合わせたら、残る斜めの側面を、浮き上がる余分を収束させながら貼り合わせます

05 貼り合わせた面を金槌で叩き、しっかりと圧着します

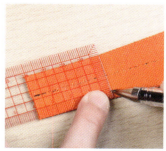

06 下側となる先細りの端より、4cmの位置に線を引きます

07 線の外側全面に合成ゴム系接着剤を塗り、端を線に合わせてへり返し、貼り合わせます。貼り合わせた面を圧着します

ロールトップリュック

08 ショルダーB革の床面を表にし、その中心に端から端まで、15mmの伸止めテープを貼り合わせます

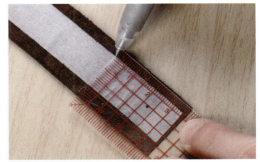

09 床面を斜めに漉いた端より、3.5cmの位置に線を引きます

10 09で引いた線から反対の端まで、7mmの両面テープを伸止めテープの内側へ並べて貼ります

11 両面テープの剥離紙を剥がし、09で引いた線にショルダーBの下側の端を揃えて貼り合わせます。端を揃えたら表に返し、ショルダーBの中心にショルダーB革を収めて貼り合わせます

12 ショルダーBの上側にはみ出す、ショルダーB革の余分を裁ち落とします

13 貼り合わせたショルダーB革の側面、端から1〜2mmの位置を端から端まで縫います

14 反対側の側面も、端から端まで縫います

15 ショルダーB下側の革の床面に生地から6〜7mm程の間隔を空け、7mmの両面テープを伸止めテープの内側へ並べて貼ります

ショルダーの制作

16 15で貼った両面テープの剥離紙を剥がし、写真のようにコキカンへ革を通して、ショルダーB側へ折り返して貼り合わせます。革を貼り合わせる際は、コキカンが動く余地を残して貼り合わせます

17 ショルダーB革の表よりショルダーB側へ折り返した幅（端の側面を含め、4目程度）を、13〜14のステッチに目を重ねて縫います。コキカン側はミシンの押さえがコキカンに干渉するため、押さえを上げて針を手動で動かし、縫えるギリギリまで縫います

CHECK

以上で「ショルダーB」は完成です。もう一方も同様に制作し、2本のショルダーBを準備しておきます

ショルダーAの制作

18 ショルダーAの長辺から2cmの位置に、長辺と平行な線を引きます

19 18で引いた線の外側に、合成ゴム系接着剤を塗ります

ロールトップリュック

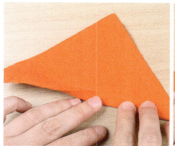  

20 長辺の端を線に合わせてへり返し、貼り合わせて圧着します。長辺をへり返したこの面が、ショルダーAの裏になります

21 ショルダーAの両端、短辺からはみ出した生地をカットします

22 ショルダーA革のステッチを端まで入れた側（p.133のCHECK、写真左の反対側）、端から1cmの範囲のギン面を表裏とも荒らし、荒らした面に合成ゴム系接着剤を塗ります

23 ショルダーAの裏、全面に合成ゴム系接着剤を塗ります

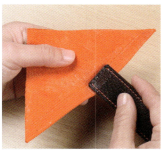 

24 ショルダーAの長辺の中心を折り、22の接着面の片側面を中心に合わせ、1cm幅を貼り合わせます

25 ショルダーAを裏合わせで貼り合わせ、接着面を圧着します

POINT

26 片方を仕上げたら、残りはショルダーA革の表のステッチを左右対称にして貼り合わせます

27 ショルダーA革のステッチが裏の面より、ショルダーAの二等辺際、端から1〜2mmの位置を直角に縫います

ショルダーの制作

28 27のステッチを終えたら、その内側3〜4mmの位置を同様に縫い、ステッチを並べます

POINT

29 残りのショルダーAと同革も同様に縫い合わせ、左右対称な「ショルダーA」を準備します

前胴と背胴の下準備

前胴と背胴に、マチを合わせて本体を仕立てる前に合わせる必要がある「持ち手」「ショルダー」「帯革」「ファスナー」等を取り付けます。

背胴の下準備

01 背胴の短辺から2cmの位置に短辺と平行な線を引き、その線の下側に帯革の型紙を合わせ、「中心位置」「持ち手取付位置」「ショルダー取付位置」を写します

02 01で引いた線から3.5cm内側に、その線と平行な線を引きます

CHECK

背胴の片側の短辺に、「帯革」の貼り代と各パーツの取付位置を記した状態です

03 01〜02で引いた線の間に、合成ゴム系接着剤を塗ります

04 ショルダーBの上側、端から1cm程の革のギン面を荒らし、表裏とも端から1cmの範囲に合成ゴム系接着剤を塗ります

ロールトップリュック

05 持ち手の両端、端から1cmの範囲のギン面を荒らし、表裏とも端から1cmの範囲に合成ゴム系接着剤を塗ります

06 帯革の床面全面に、合成ゴム系接着剤を塗ります

07 01で写した「ショルダー取付位置」に合わせ、ショルダーBの接着面1cm幅を写真のように貼り合わせます

08 貼り合わせたショルダーBの両側面に、表を裏(下側)にして写真のように持ち手の接着面を貼り合わせます

09 02で設けた貼り代に合わせ、各線の上へ帯革の端を重ねて線を隠し、帯革を貼り合わせます。貼り合わせた面を金槌で叩き、しっかりと圧着します

10 貼り合わせた帯革の両側面、端から1~2mmの位置を縫い、上側のみ補強のため、端のステッチから3~4mmの位置を縫ってステッチを並べます

CHECK 背胴の上側にショルダーBと持ち手を合わせ、その上に帯革を縫った状態。以上で、背胴の下準備は終了です

前胴と背胴の制作

前胴にストラップを付ける

11 前胴の表面へ、型紙の表記通りに「ファスナー口裁断線」を引きます

12 11で引いた裁断線の底側（下側）、端から1cmの位置に線を引きます

13 前胴に型紙を合わせ、「ストラップC取付位置」と「ストラップD取付位置」を写します

14 ストラップD（革）の床面に、7mmの両面テープを貼ります

15 両面テープの剥離紙を剥がし、13で写した印に合わせてストラップDを前胴に貼り合わせます

ロールトップリュック

16 貼り合わせたストラップDに型紙の表記通り、縫い線を表す「▽」のけがき線を引きます

17 ストラップDの全側面、端から1〜2mmの位置を、スリットの上を縫い始めにして一周縫います。縫い終わりは、縫い始めに2〜3目重ねます

CHECK
上にストラップAが重なるため、スリット上側から縫い始めるとその跡を隠すことができます

18 ストラップA表の端に、7mmの両面テープを並べて貼ります

19 18で貼った両面テープの剥離紙を剥がし、ストラップDのスリットの内側へ、両面テープの端が隠れるまで収めます

20 ストラップAをまっすぐ上に向け、接着面をしっかりと貼り合わせます

21 16で引いたけがき線に従い、スリットに収めたストラップAを縫い合わせます

CHECK
前胴にストラップDとストラップAを縫い合わせた状態です

前胴と背胴の制作

22 13で写した「ストラップC取付位置」に、千枚通しで穴をあけます。あける穴の大きさは、次に通す両面カシメ中のアシがきつめに通る程度とします

23 前胴の裏側より、22であけた各穴に力革を介して両面カシメ中のアシを通します

24 前胴の表側で写真のようにストラップC(革)を合わせ、両面カシメ中のアタマをセットします

25 セットしたカシメを、打ち棒で打って固定します

前胴にファスナーを付ける

26 11で引いたファスナー口裁断線に、開口部側(上側)からハサミを入れて裁断します

27 両方の線を底側(下側)まで裁断します

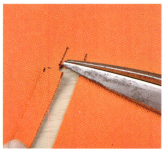

28 12で引いた1cmの線にハサミを入れ、ファスナー口を完全に切り抜いてスリットを設けます

29 スリットの下側に残る1cm四方の箇所に7mmの両面テープを貼り、剥離紙を剥がして表へ折り返し、貼り合わせます

ロールトップリュック

30 ファスナーA革の床面、側面（長辺）の端から2mmの位置に側面と平行な線を引きます

31 30で引いた線に反対側面の端を揃えて折り返し、折り返した箇所を金槌で叩いて折りグセを付けます

32 ファスナーA革の床面、全面に合成ゴム系接着剤を塗ります

33 前胴に設けたスリット（ファスナー口）の両側面、表裏とも端から5mmの範囲に合成ゴム系接着剤を塗ります

34 前胴のスリット下端とファスナーA革の端を揃え、30で線を引いた側面が前胴の裏へ回るように貼り合わせます。この時はスリットの各側面のラインと、31で付けた折りグセをまっすぐ揃えます

35 前胴の表にファスナーA革を貼り合わせた後、前胴の裏側で、反対側面をへり返して貼り合わせます

36 スリットの両側面にファスナーA革を貼り合わせたら、接着面を金槌で叩いて圧着します

前胴と背胴の制作

37 開口部側にはみ出す、ファスナーA革の余分を裁ち落とします

CHECK 前胴にスリットを設け、その両側面にファスナーA革を貼り合わせた、ここまでの状態です

38 ファスナー上端のリボンの表裏と、ファスナーB革の床面全面に合成ゴム系接着剤を塗ります

39 ファスナー表の下止めにファスナーB革の端（短辺）を揃えて貼り（左写真）、ファスナーB革を折り返してファスナーの裏にも貼り合わせます

40 39で貼り合わせた接着面を圧着します

41 ファスナーの表より、ファスナーB革の端から1〜2mmの位置を縫います

CHECK 縫い始めと縫い終わりは特にかがらず、両側面から1mm程の間を写真のように縫います

ロールトップリュック

42 グログランテープを8cm切り出し、片面全面に合成ゴム系接着剤を塗ります

43 ファスナー下端のリボンの表裏に、合成ゴム系接着剤を塗ります

44 グログランテープの端を下止めの端に揃え、ファスナーの裏にテープの中央を貼り合わせます

45 グログランテープの片面を折り返して貼り合わせ、反対側を折り返した際に重なる範囲に合成ゴム系接着剤を塗ります

46 グログランテープの反対側を折り返して貼り合わせます

CHECK 左ページで革を合わせた上端に対し、ファスナーの下端はこのようにグログランテープを合わせます

47 根革の床面に、中心にDカンの幅程度の余地を残して合成ゴム系接着剤を塗り、Dカンを通した後、各端を揃えて接着面を貼り合わせます

48 根革の片面、端から3mmの範囲のギン面を荒らします

前胴と背胴の制作

49 ファスナー上端に合わせた革の端の中心、48で荒らしたギン面と同じ程度の範囲を荒らします

50 48と49で荒らした面に合成ゴム系接着剤を塗り、Dカンを下に向け、端を揃えて根革を貼り合わせます

51 前胴の裏を表にし、各ファスナーA革のスリットの反対側面に沿い、3mmの両面テープを貼ります

52 スリット下側の生地上へ、写真のように7mmの両面テープを貼ります

53 51〜52で貼った両面テープの剥離紙を剥がし、ファスナー上端の革の端を開口部のラインに揃えると共に、50で貼った根革を各ファスナーA革の間に収めて仮合わせします

54 前胴を表にし、ファスナーA革の側面とファスナー開口部のムシとの間隔を均一に揃えつつ、ファスナーを貼り合わせます

POINT

55 スライダーを上下一杯に動かし、ファスナーA革がスライダーに干渉しないように貼り合わせます

56 ファスナーを貼り終えたら、表と裏から接着面をしっかりと押さえます

ロールトップリュック

CHECK
前胴の裏、ファスナー口のスリットにファスナーを貼り合わせた状態です

57 ファスナー口の上側、開口部の端から1〜2mm程の位置を縫います。縫い始めと縫い終わりは、ファスナーA革の側面へかがります

前胴の表より、右のファスナーA革の外側面、端から1〜2mm程の位置を縫います。縫い始めは**57**のステッチ位置とし、途中でスライダーを逃して底側の端まで縫います **58**

59 **58**のステッチの縫い終わりは、この写真の位置です。右側のファスナーA革の外側面を縫い終えたら、左側のファスナーA革の外側面を底側から縫います

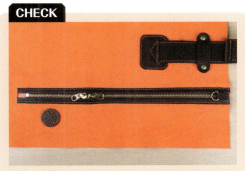

CHECK
前胴にストラップとファスナーを合わせた、ここまでの状態。以上で、背胴の下準備は終了です

本体の仕立て

下準備を済ませた前胴と背胴の底側をつなぎ、底革を合わせた後に側面へマチを合わせ、内縫いで袋状の本体を仕立てます。

前胴と背胴に底革を合わせる

前胴の裏、底の辺に3mmの両面テープを貼ります **01**

本体の仕立て

02 01で貼った両面テープの剥離紙を剥がし、背胴の底の辺を、端を揃えて裏合わせで貼り合わせます

03 前胴の表、底の辺から7mmの位置に、底の辺と平行な線を引きます

04 03で引いた線上を端から端まで縫います。ステッチの両端は、側面へかがります

05 底の縫い代を開き、01で貼った両面テープを剥がします

06 底のステッチの両脇に縫い代の7mm幅分、合成ゴム系接着剤を塗ります

07 縫い代を割って貼り合わせ、金槌で叩いて圧着します

08 前胴の両側面に付けた「底革合わせ位置」を定規でつなぎ、そのラインより1mm程底側にずらした位置に、7mmの両面テープを貼ります

09 底革の床面、1つの長辺を除く3辺の端に沿って7mmの両面テープを貼ります。この時、長辺へ貼る両面テープのみ、側面の端から1mm程の間隔を空けます

ロールトップリュック

10 08～09で貼った両面テープの剥離紙を剥がし、底革の「中心位置」と前胴と背胴の縫い代の中心及び、底革の両長辺の両端と「底革合わせ位置」を揃えて貼り合わせます

11 底革の両側面の中心と前胴と背胴の縫い代の中心＝底の中心及び、底革の両長辺と各胴の「底革合わせ位置」を揃え、このように底革を貼り合わせます

12 底革の両長辺、端から1～2mm程の位置を側面間で縫います

13 12の各ステッチを終えたら、その内側3～4mmの位置を同様に縫い、ステッチを並べます

CHECK
前胴と背胴の底をつなぎ、底革を縫い合わせた状態です

背胴にショルダーAを合わせる

14 背胴に型紙を合わせ、その各側面に「ショルダー取付位置」を写します

15 底革の両側面、端から5mm程の範囲のギン面を荒らします

本体の仕立て

16 背胴に合わせた帯革の両側面、端から5mm程の範囲のギン面を荒らします

17 14で各側面（4ヵ所）に付けた印から、11cmの位置の底革側面に銀ペンで印を付けます

18 14と17で付けた印の間と、ショルダーAの裏（ステッチが裏。ショルダーA革のステッチは表）の長辺、端から4〜5mm程の範囲に合成ゴム系接着剤を塗ります

19 ショルダーA革を開口部側にし、側面の端を揃えて各接着面を貼り合わせます

20 接着面を金槌で叩き、圧着します

CHECK

残りのショルダーAも同様に貼り合わせ、背胴をこの写真の状態にします

21 背胴に貼り合わせたショルダーAの側面、端から3mmの位置を仮止めのために縫います

ロールトップリュック

マチを合わせて本体を返す

22 前胴の開口部に型紙を合わせ、ストラップを避けて「中心位置」の印を写します

23 背胴の開口部に型紙を合わせ、ショルダーと持ち手を避けて「中心位置」と「ストラップB取付位置」を写します

24 各マチを縦に半分に折り、開口部側と底側、それぞれの中心に印を付けます

25 マチの開口部を除く側面、端から4〜5mmの位置に合成ゴム系接着剤を塗ります

26 本体表の開口部を除く側面、端から4〜5mmの位置に合成ゴム系接着剤を塗ります

27 マチの底に付けた印と底革中心の印を揃え、中表で双方の底(本体側面の手前まで)を貼り合わせます

本体の仕立て

28 マチの底を貼り合わせたら、マチと本体の開口部の端を揃え、双方の側面を底まで、余分を調整しつつ貼り合わせます

29 本体にマチを貼り合わせたら、マチ側から貼り合わせた側面の端ギリギリを縫い、マチを仮止めします

CHECK
本体の片側面にマチを縫い合わせた（仮止めした）状態です。反対側も同様にマチを合わせます

30 29で縫い合わせた本体とマチの全側面、端から5〜6mmの範囲に合成ゴム系接着剤を塗ります

31 グログランテープを97cm切り出し、片面全面に合成ゴム系接着剤を塗ります

32 テープの端を開口部の端に揃え、本体表側面（胴側）の接着面へ7mm程重ねて貼り合わせます

ロールトップリュック

33 テープを均等に貼り合わせていき、反対側の開口部に到達したら、開口部の辺に揃えて余分をカットします

34 本体の表側面からはみ出したテープを端でぴったり折り返し、マチの接着面に貼り合わせます

35 底の曲線部は、テープを伸縮させながら極力平坦になるように貼り合わせます

36 本体の表より、テープの側面(端)ギリギリを開口部から反対側の開口部まで縫います。本体の片側にグログランテープを巻いて縫ったら、反対側にも同様にテープを巻いて縫います

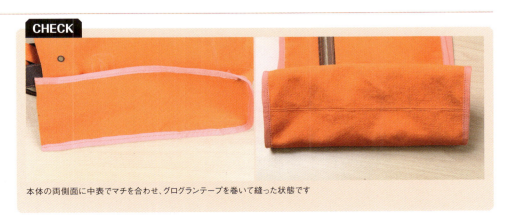

CHECK

本体の両側面に中表でマチを合わせ、グログランテープを巻いて縫った状態です

本体の仕立て

37 開口部から底を引き出し、本体を返して形を整えます

CHECK

本体を返した状態です。次はロールトップを制作し、最後に本体へロールトップを合わせます

ロールトップの制作

先に制作した本体と合わせる、ロールトップを制作します。ロールトップの開口部には、巻いてまとめる際に芯となる革を設置します。

ロールトップの仕立て

01 ロールトップの短辺、生地の耳側の端から5mmの位置に、短辺と平行な線を引きます

02 01で引いた線の内側に、線から1mmの間隔を空けて3mmの両面テープを平行に貼ります

03 02で貼った両面テープの剥離紙を剥がします。生地を折り返し、反対側の短辺の端を01で引いた線に揃えて貼り合わせます

04 03で貼り合わせた短辺の内側、耳側の短辺の端から1.5cmの位置に、短辺と平行な線を引きます

05 04で引いた線上を端から端まで縫います。ステッチの両端は、側面へかがります

ロールトップリュック

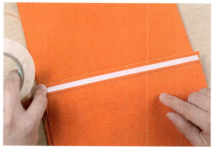

06 05で縫った面の耳側の短辺から4mm間隔を空け、短辺と平行に7mmの両面テープを貼ります

07 06で貼った両面テープの剥離紙を剥がし、縫い代を左写真のように倒して貼り合わせます。貼り合わせた接着面を圧着します

08 貼り合わせた縫い代の耳際、端からギリギリ縫います。筒状にした生地を広げ、短辺をつないだ2枚の生地のみを縫い合わせます

CHECK

ロールトップの短辺をつなぎ、筒状にした状態。上下の長辺が開口部側と本体側、左右の短辺が側面となります

09 筒状にしたロールトップの上下の長辺、それぞれ耳側の縫い代の中心の表裏に印を付けます。この印は、ロールトップを本体へ合わせる際の中心となります

10 09で付けた印をつないで折り、ロールトップを反対側に広げて伸ばし、その端の折り目を掴みます

11 10で掴んだ端の折り目に印を付けます。この印は、筒状にしたロールトップの上下の長辺両方の表裏に付けます。この印も09の印と同様、本体へ合わせる際の中心となります

12 次は09と11で付けた印を合わせ、ロールトップを広げて伸ばし、その両端の折り目を掴みます（※写真では、右手で各印位置を合わせ、左手で左端を掴んでいます）

ロールトップの制作

13 12で掴んだ両端の折り目に印を付けます。この印も、筒状にしたロールトップの上下の長辺両方の表裏に付けます。この印は、本体（マチ）へ合わせる際の側面の中心となります

14 ロールトップを返し、09で付けた印を中心に広げます。中心位置を揃えてどちらか一方の長辺にロールトップA革の型紙を合わせ、型紙の両端から7mm内側位置に印を付けます

15 14で印を付けた長辺より3cm下側に、長辺と平行に付けた印間をつなぐ線を引きます。この線を引き終えたら、11で付けた印を中心に、反対側にも同じ線を引きます

16 14で付けた計4ヵ所の印を生地の内側へ垂直に延ばし、長さが7mmの線にします

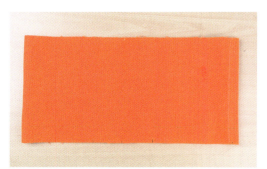

17 次は、どちらか一方の側面の13で付けた印を中心に、写真のように印を下にしてロールトップを広げます。線を引いた長辺側が、ロールトップA革を付ける開口部側となります

18 下にした長辺の端から1.5cmの位置で、16で7mmに延ばした線の間をつなぐ長辺と平行な線を引きます。この線を引き終えたら、反対側面にも同じ線を引きます

19 16で7mmに延ばした全ての線をハサミでカットし、7mmの切り込みを入れます

ロールトップリュック

20 15と18で引いた線（4本）から開口部の端までの範囲に、合成ゴム系接着剤を塗ります

21 19で入れた切り込みの間を、端を18で引いた線に揃えてへり返し、貼り合わせます

22 21で貼り合わせた接着面を金槌で叩き、しっかりと圧着します。反対側の側面も同様にへり返します

23 続けて、開口部側の残りの端を15で引いた線に揃えてへり返し、貼り合わせます

24 23で貼り合わせた接着面を金槌で叩き、しっかりと圧着します

CHECK

20～24の工程で側面をへり返したロールトップ開口部側を、側面を中心に広げた状態です。各表面（前胴と背胴と並ぶ面）は、ロールトップA革を合わせるために生地の端を処理する必要がありませんが、マチと並ぶ側面は生地のみとなるため、端を巻き込んで処理しています

25 20～24の工程でへり返した開口部を、どちらか一方の側面の端を巻き込んだ際ギリギリのラインで一周縫います。縫い始めは左写真のように、巻き込んだ箇所の脇とします

ロールトップの制作

CHECK

25のステッチを終えた状態です。縫い始めと縫い終わりは、上にロールトップA革を合わせるために隠れます

ロールトップA革の取り付け

26　ロールトップA革のギン面に型紙を合わせ、どちらか一方の長辺に「中心位置」を写します

27　ロールトップA革の床面、全面に合成ゴム系接着剤を塗ります

28　ロールトップの開口部側中心にロールトップA革の中心を合わせて並べ、並べた革の面積を参考に、革を貼り合わせた際にはみ出さない程度に合成ゴム系接着剤を塗ります

29　ロールトップの開口部側中心にロールトップA革の中心を合わせ、双方の端を揃えて貼り合わせます

30　貼り合わせた接着面を金槌で叩き、しっかりと圧着します

31　貼り合わせたロールトップA革の全側面、端から1〜2mmの位置を一周縫います。片方の革を縫い合わせたら、残りの革も同じ手順で縫い合わせます

ロールトップリュック

CHECK

ロールトップの開口部側に、ロールトップA革を縫い合わせた状態です。側面の巻き込んだ箇所と表面のへり返した箇所の境目は、ロールトップA革の下に収まって隠れます

32 あらかじめあけてあるロールトップA革の穴位置を辿り、12号のハトメ抜きで生地に穴をあけます

33 裏側より、生地にあけた穴の周囲に水溶性接着剤を塗り、ほつれ止めをします

34 接合部がある表面は、ロールトップの裏になります。この裏の革の穴に、ジャンパーホックのオスを固定します

35 接合部の無い34の反対側が、ロールトップの表になります。この表の革には、ジャンパーホックのメスを固定します。以上で、本体に合わせるロールトップは完成です

本体の仕上げ

ロールトップと本体の間に挟む「ストラップB」を制作し、本体に中表でロールトップを縫い合わせ、ロールトップを返して本体を仕上げます。

ストラップBの制作

01 ストラップB革の中心に1cm幅程の余地を残し、それ以外の全面に合成ゴム系接着剤を塗ります

02 バックルのメスにストラップB革を通し、各端を揃えて接着面を貼り合わせます

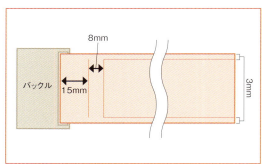

03 バックルの表（表面が膨らんだ面）を上に向けて置き、ストラップ革Bへ左図の表記通りに縫い線をけがきます

04 03で引いたけがき線に従い、ストラップ革Bを縫います

CHECK

以上で、ストラップBは完成です

本体にロールトップを合わせる

05 ストラップB（革）の端、表裏とも端から4mm程の範囲のギン面を荒らし、荒らした面に合成ゴム系接着剤を塗ります

06 前胴のファスナー口上側、端から5mm程の範囲のギン面を荒らします（ステッチを切らないように注意）

07 本体開口部の表、端から5mm程の範囲に合成ゴム系接着剤を塗ります。ロールトップを返して中表にし、本体側（革の無い側）の表、端から5mm程の範囲に合成ゴム系接着剤を塗ります

08 p.151の23で写した「ストラップB取付位置」に合わせ、背胴の開口部へ端を揃えてストラップBを貼り合わせます。バックルを底側に向け、裏を表にして貼り合わせます

09 ロールトップの表と背胴、ロールトップの裏と前胴を中表で合わせ、写真のように本体へロールトップをかぶせます

10 ロールトップと本体の開口部に付けた、表と側面の各中心位置を合わせ、端をぴったり揃えてそれぞれを貼り合わせます。この時、本体側面のグログランテープで巻いた縫い代は、それぞれマチ側に倒して貼り合わせます

本体の仕上げ

11 10で貼り合わせた開口部の端ギリギリを、仮止めのために一周縫います

POINT

12 10でマチ側に倒した縫い代は、マチにぴったり添わせた状態で縫います

CHECK

本体とロールトップを合わせ、仮止めのために縫い合わせた状態。右写真は、グログランテープで巻いた本体側面の縫い代をマチ側に倒して縫った状態です

13 仮止めで縫った開口部の表裏、端から6〜7mmの範囲に合成ゴム系接着剤を塗ります

14 グログランテープを開口部の周囲＋10cm程の長さに切り出し、片側面に合成ゴム系接着剤を塗ります

15 グログランテープの片端を、1cm程折り返して貼り合わせます

16 開口部の内側、本体の接着面にグログランテープの端を7mm程度貼っていきます。背胴に合わせたストラップBの2cm外側から貼り始め、貼り始めと2cm程度重なる位置で余分をカットします

ロールトップリュック

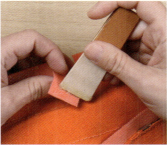

17 16の貼り始めのテープを一旦剥がし、余分を貼り合わせます。剥がした貼り始めのテープを仮合わせし、それぞれの接着面に合成ゴム系接着剤を塗って貼り合わせ、テープを重ねます

18 開口部からはみ出したテープを端でぴったり折り返し、ロールトップの接着面に貼り合わせます

19 開口部内側の本体側から、テープの側面（端）ギリギリを一周縫います

CHECK

本体とロールトップの開口部にグログランテープを巻き、縫い合わせた状態です

20 ロールトップを返し、形を整えます

CHECK

ロールトップを返した本体表側の状態。ロールトップの接合部は、本体前方へ巻くことで内に収って隠れます

ロールトップB革の取り付け

21 ロールトップの開口部を、ロールトップA革の側面で写真のように折ります

22 ロールトップB革の側面をロールトップA革の端に揃え、21で折った箇所を2つの穴位置が前後で揃うように挟み、銀ペンでロールトップ革Aに穴位置を写します

本体の仕上げ

23 21の折り返した状態を保ったまま、22で写した穴位置に10号のハトメ抜きで、裏側の生地まで貫通する穴をあけます。生地の穴の周りに水溶性接着剤を塗り、ほつれ止めをします

24 22と同様にロールトップB革を合わせ、小カシメをセットして固定します（※ロールトップA革側を表にします）

25 残り3ヵ所のロールトップの開口部にも、同様にしてロールトップB革を取り付けます

ファスナーつまみ革の取り付け / ショルダーの接続

26 ファスナーのスライダーに、両面カシメ小でファスナーつまみ革を取り付けます

27 ショルダーAの表の端のギン面を、写真のように荒らします

28 各ショルダーBのコキカンへ、それぞれ対応するショルダーAの端を接続します。左2点の写真と右ページの完成作品の写真を参考に、確実に接続してください

ロールトップリュック

29 各ショルダーを正しく接続したら、p.133の**16**〜**17**と同じ手順でショルダーAの端を縫います

CHECK
ショルダーAの端を縫った状態。縫った後はコキカンから外せなくなるため、縫う前に接続が正しいか確認してください

完 成

以上で「ロールトップリュック」は完成です。制作難易度が非常に高い分、作り応えも充分。完成させた後は、その使い勝手の良さにも満足できるでしょう

革を合わせた本格的なショルダーと、あると便利な持ち手を背胴に備えています。前胴のファスナー口は、ロールトップの開口部を開くこと無く、容易に荷室へアクセスすることができます

型紙

本書で作り方を解説しているアイテムの型紙です。
「50%縮小」と書かれたパーツは、コピー機の設定を「200%拡大コピー」にし、元の大きさに戻してお使いください。
すべてのパーツは、A3サイズに収まる大きさになっています。

型紙の記載ルール

切り出し線
型紙の輪郭になる線です。誤差を少なくするため、なるべくこの線の中心をカットしてください。

点印
パーツの取りつけ位置や貼り合わせの基準点などを示す点です。切り出したパーツに型紙を重ね、中心を丸ギリで軽く突いて印を革に写します。

補助線
別のパーツを取りつける位置や、組み立て途中でカットする線など様々な情報を示しているので、型紙を作るときはカットしません。

切り込み合印
印と同じV字型の切り込みを入れます。パーツを貼り合わせる際、この合印を合わせれば正確に組み立てられます。切り込みは、組み立てると隠れます。

つなぎ線
左右対称の大きなパーツは、この線で分割しています。反転させて貼り合わせ、元の形で使ってください。

のり代、つけ位置 等
パーツを取りつける範囲、ゴムのりを塗る範囲など、特定のエリアを示しています。

型紙の使い方

STEP 1
コピーする

パーツごとにコピーします。分割されているパーツは必要枚数をコピーし、貼り合わせて使ってください。「つなぎ線」が中心にあるパーツは、コピーしたものを裏返し、左右対称の形に貼り合わせます。

STEP 2
厚紙に貼る

コピーした型紙を荒裁ちし(切り出し線の少し外側で切り出す)、シワが寄らないように注意して厚紙に貼りつけます。液体のりでは紙がふやけてしまうので、固形のりやゴムのりを使ってください。

STEP 3
カットする

切り出し線で型紙を切り出します。なるべく線の中央を切るようにすると、正確な形になります。切り込み合印の位置には、あらかじめ型紙にV字型の切り込みを入れておくと便利です。

※分割されたパーツをつなぐ際は、直線部分に定規を当て、曲がらないように注意してください。
※コピーできない場合は、各部の長さを測り、直接紙に作図してください。
※本書に掲載されている作品や型紙を複製して販売することは禁止されています。型紙は個人で楽しむことのみにお使いください。

ロールトップリュック（50%縮小） P.128

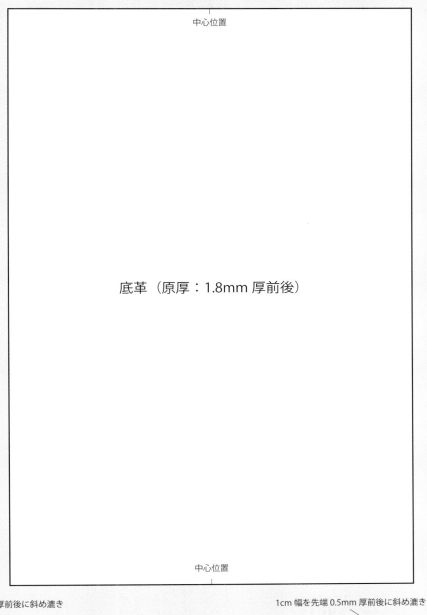

中心位置

底革（原厚：1.8mm 厚前後）

中心位置

1cm 幅を先端 0.5mm 厚前後に斜め漉き

持ち手革（原厚：1.8mm 厚前後）

10号のハトメ抜きで穴をあけます

ストラップC革（原厚：1.8mm 厚前後）

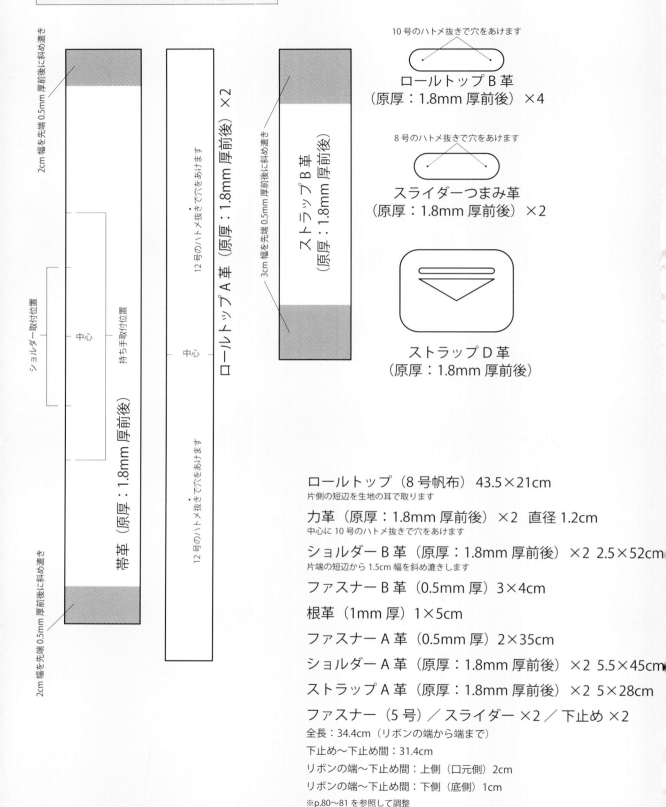

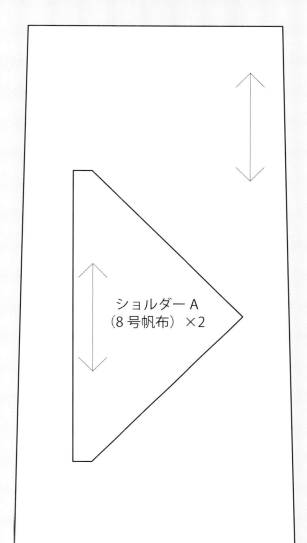

ロールトップリュック（50%縮小）

中心

ストラップ B 取付位置

背胴（8 号帆布）

ショルダー取付位置　　　　　　　　　　　　　　　　　　　　　　　　　　　ショルダー取付位置

底革合わせ位置　　　　　　　　　　　　　　　　　　　　　　　　　　　　　底革合わせ位置